복잡계 세상에서의 투자

복잡계
세상에서의 투자

지금껏 설명하지 못한 투자의 신세계 오종태 지음

C O M P L E X   S Y S T E M S

P page2

점점 더 복잡해지는
삶과 투자에 대해 이야기해봅시다

언젠가 책을 써보겠다는 생각을 한 지는 꽤 되었습니다. 그리고 그 시작은 70세가 적당해 보였습니다. 그보다 적은 나이에는 아무래도 사심이 담긴 책을 쓸 확률이 높다고 생각했죠. 책이란 처음에는 쓰는 사람의 시각으로 집필되지만, 읽고 나면 독자들에게 새로움과 변화를 줄 수 있는 자양분을 담고 있어야 한다고 생각합니다. 부디 이 책을 읽은 분의 생각과 마음에 제 생각이 재료가 되어 여러분 각자의 생각이 자라나기를 진심으로 바라는 마음입니다.

세상 일은 계획한 대로만 진행되지 않습니다. 어찌 보면 계획대로 되었다고 생각하고 있는 것들도 그 일이 발생한 이후에 그렇게 여겨지는 것들이 대부분일 것입니다. 저는 오랜 기간 정리하고 만들어온 제 생각을 현실화하려는 노력을 해왔지만, 이러한 생각과 뜻이 공유되는 일은 거의 불가능할 수도 있겠다 싶었습니다. 그런데 「삼프로TV」에 출연하게 되면서 제 생각을 많은 분들이 환영해 주시는 예상치 못한 상황을 만났습니다.

이 경험을 계기로 오십을 바라보는 삶의 지점에서 처음으로 제 스스로의 글을 시작합니다. 특별한 사건 없이 제 수명 대로 살게 된다면, 지금은 제 인생의 절반을 지나는 시기일 겁니다. 이제 바꿀 수 없는 것은 평화롭게 받아들이는 마음, 바꿀 수 있는 것은 과감하게 바꾸는 용기, 그리고 그것을 구별할 수 있는 지혜가 중요하다는 기독교 윤리학자 라인홀드 니부어Reinhold Niebuhr(1892~1971)의 기도를 어렴풋이 이해합니다.

저의 사고 체계는 개인적이기보다는 집단적입니다. 저는 많은 지식과 지혜를 남겨주신 인류의 지성들에게 큰 도움을 받았습니다. 그리고 가까이는 땅과 나무, 멀게는 하늘과 우주라는 대자연의 가르침에 귀 기울이려 늘 노력하고 있습니다. 제 이야기는 이해를 확장하기 위한 최선의 모방과 아주 미미한 새로운 조합의 결과입니다. 그리고 이는 저의 수많은 실수와 이기적인 의도, 뻔뻔한 합리화를 묵묵히 받아주며 삶을 함께해온 분들의 인내와 도움을 바탕으로 얻게 된 내용들입니다. 이분들에게 미안함과 감사의 말을 전합니다.

세상을 살아가는 데 중요한 많은 것들 중에서 고르고 골라 줄여보니, 저에게는 사랑과 자유라는 두 가지가 남았습니다. 사랑은 다른 존재와 연계된 요소들이 많고, 자유는 스스로와 관계된 부분이 크다고 생각합니다. 진정한 사랑의 관계에는 서로를 당기는 것이 아니라 확장을 돕는 힘이 있습니다. 그리고 진정한 자유는 그 사랑을 키우는 토양입니다. 그렇게 커진 사랑과 자유의 커다란 나무는 많은 사람들이 쉴 수 있는 그늘을 드리울 것입니다. 어느 정도 커진 감사의 크기에 비해 저는 아직 스스로를 자유로운 존재라고 느끼지는 못합니다. 앞으로 고쳐야 할 것도 많고, 완전히 다른 방향으로 변화하는 것도 생기겠지만, 지금까지 담아온 제 미천한 생각을 세상에 대한 사랑을 담아 꺼내어 이 책에 담아봅니다.

이 책은 크게 세 부분으로 구성됩니다. 전체(세계)에 대한 이야기, 부분(경제와 투자)에 대한 설명, 그리고 이 설명들을 활용한 투자 방법입니다. 전체에 대한 개념 없이 부분을 다룰 수 있다고 생각하지 않습니다. 또한 부분에 대한 고민 없이 전체에 대한 이해도 가능하다고 생각하지 않습니다. 원리적인 내용보다 실질적인 활용을 원하시는 분은 2부부터 보십시오. 그리고 그 이유들에 대해 관심이 생기셨다면 1부도 살펴보시는 것을 추천드립니다.

앞으로 불확실한 세상을 이야기할 제가 한 가지 명확하게 말씀 드리고 싶은 것은 이 책에 포함된 생각과 설명에는 '확실하게' 잘 못된 부분들이 있을 수 있다는 것입니다. 하지만 저는 새로운 생각 과 방법을 만드는 데 오류가 포함되는 것은 당연하다고 생각합니 다. 저는 '이해의 확장'을 만들어 가는 과정에서 범하는 오류에 대 해서는 두려움이 크지 않습니다. 더 적절한 생각 구조를 만드는 과 정은 끝이 없기 때문입니다. 이 모든 이야기는 제 생각의 결과가 아니라 과정입니다.

좋은 아이디어란 네트워크입니다. 우리는 개별적으로 사고하는 것이 아니라 집단적으로 사고하기 때문에, 아이디어는 유동적인 네트워크에서 생성됩니다. 이 책에서 여러분들이 기존에 생각해보 지 않은 내용과 현재 가지고 있는 생각 구조와 충돌하는 요소들을 만난다면 저는 무척 기쁘겠습니다.

자! 점점 더 복잡해지는 세상에서 삶과 투자에 대해 이야기 나 눠보시죠.

목차

1부 영원히 변화하는 세계

수용하기 벅찬 변화의 가속

단순계와 복잡계

2부 복잡계의 탄생과 지금, 복잡계를 이해하는 법

이해의 구조를 이해하는 법

단순계의 경제 구조와 투자 방식

복잡계의 탄생과 지금

3부 복잡계 구조에서 투자하는 법

영원히
변화하는 세계

COMPLEX SYSTEMS

수용하기 벅찬
변화의 가속

지식이 지식의 근거가 되는 세상의 종말

40만 년의 인류의 진화 과정 중 우리는 최근 몇 세기 만에 현재까지 쌓아온 지식의 대부분을 얻게 되었습니다. 험난한 생존 환경을 판단하고 대응할 수 있는 기준이 지금보다 부족했던 시절에 신화와 종교는 그러한 필요성을 채워주었습니다. 이제 인류가 지적으로 급격히 성장하면서 과거에는 지푸라기라도 잡는 심정으로 어쩔 수 없이 사용했던 신화와 종교 수단들은 손주의 재롱을 바라보는 조부모의 따스한 시선처럼 바라볼 수 있는 시대에 진입했습니다. 신화와 종교적 세계관은 특정 단계에서 그 할 일을 다했고, 이제는 부수적인 위치로 옮겨갔습니다.

인류는 축적된 지식을 바탕으로 지구상에서 가장 큰 영향을 미치는 규모의 활동을 하는 단계에 도달했습니다. 하지만 세상의 모든 것이 그렇듯 이러한 확장도 좋은 면과 나쁜 면의 양면성을 가지고 있습니다. 최근 들어 과학은 기존의 세계관에서 진리와 상식이라고 오랫동안 굳게 믿어왔던 가정들을 파괴하면서 너무도 빠르게 발전하고 있습니다. 우리가 무언가를 이해한다는 것은 사실을 객관적으로 반영하기보다 지금까지 쌓아온 지적 능력을 통해 해석하는 것인데, 이러한 해석이 통하지 않는 새로운 세계는 무척 당황스럽습니다.

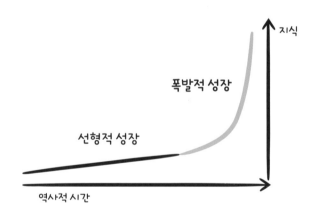

▲ 짧은 시간에 급격한 성장을 이룬 인류의 지식

인류의 진화가 여러 가지 환경 변화와 그에 대한 다양한 대응으로 발현된 것처럼 우리의 지식 체계는 진화의 단계에 따른 다층 구조로 되어 있습니다. 뇌의 가장 안쪽은 뇌간Brain stem이라고 하며 이는 파충류 단계에서 만들어진 부분입니다. 인류가 척추동물로 진화하면서 대뇌변연계를 일괄하는 구피질Palecortex이라고 불리는 원시 포유류 단계의 뇌가 만들어졌고, 가장 바깥쪽은 영장류 중에서 특히 인간이 특별하게 발달한 신피질Neocortex 영역입니다. 아래 뇌의 단면도를 보십시오. 우리는 그렇게 만들어진 존재입니다.

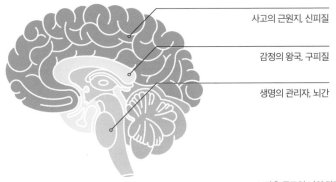

사고의 근원지, 신피질

감정의 왕국, 구피질

생명의 관리자, 뇌간

▲ 다층 구조인 뇌의 단면도

그래서 어떤 지식은 또 다른 지식의 근거가 됩니다. 그런데 바탕이 되는 지식은 새롭게 변화했는데, 연관된 지식들이 이를 반영하지 못하고 여전히 과거의 내용만을 기준으로 해석한다면 복잡해질 뿐만 아니라 잘못된 이해의 크기도 커지면서 혼돈을 키우게 됩니다.

고고학에서는 더 오래된 지층에서 새로운 것이 발견되면 그 위 지층의 가설은 모두 재검토되어야 합니다. 인류가 만든 지식의 체계도 마찬가지입니다. 하지만 고고학에서의 확실한 물질적인 증거보다 불명확한 인류의 지식 체계는 수정되는 것이 훨씬 어렵습니다. 그래서 과거의 생각 구조를 가진 세대가 사망해야 새로운 지식 체계가 후대에 의해서 만들어지는 경우가 많습니다. 개별적이고, 연결되지 않은 어지러운 상태에서 각각의 지식 요소들은 통합된 전체 시스템을 이해하는 데 도움이 되기는커녕 오히려 방해만 됩니다.

명료함의 독에 빠지지 말자

이렇게 현실에서 경험하는 복잡함이 커지고, 삶의 난이도가 높아지자 명료함이 주는 가치는 더욱 커졌습니다. 하지만 명료함을 찾고자 하는 노력과 시도는 자칫 맹목적盲目的인 것에 대한 추구라는 잘못된 방향으로 흐를 수 있습니다. 미래를 알려준다는 곳에 사람들이 길게 줄을 서고, 유튜브와의 경쟁에서 시선을 사로잡아야 하는 TV방송사는 '센스 하나 하면 저리 가라(!) 하는 아기도사와 장신의 미녀도사(?)'를 등장시켜 미래를 예측하는 콘텐츠 상품을 판매하는 등 사람들에게 확신이 주는 안도감을 제공하고 있습니다.

깊이 없는 명백함은 평온함을 주는 것 같지만, 이는 무지의 상태를 고착시키는 것입니다. 변화를 받아들이고 구조를 새롭게 하기 위해서 우리는 열린 자세를 유지해야 합니다. 변화를 받아들이지 않는 닫힌 태도는 현재의 자신을 지키지 못합니다. 오히려 변화하는 세상에서 스스로의 영역을 지속적으로 축소시켜 결국 소멸로 이끕니다.

변화에 대해 양적으로나 질적으로나 열린 태도가 필요합니다. 우리는 과거의 이해로 지금의 세상을 바라보며 지금을 해석하고 있다고 생각하지만 이는 착각입니다. 새로운 변화를 수용하지 않는 게으름은 과거의 이해를 고수하면서 이를 아예 믿음이라는 사고 체계로 이동시킵니다. 마치 정신적 마약을 소비하듯 특정한 집단의 이해관계를 투영하는 방식으로 세상을 잘못 해석하게 됩니다.

변화하지 않는 삶은 이제 존재하지 않는다

양의 증가는 질의 변화를 가져옵니다. 이 원리는 파악하기 어렵지 않습니다. 100일 동안 적당량의 팔굽혀펴기를 꾸준히 하면 우리는 몸의 변화를 충분히 만들어낼 수 있습니다. 인생을 바꿔준다는 엄청난 고가의 다이어트 프로그램 없이도 가능한 일입니다.

그런데 우리는 왜 이게 어려울까요? 삶의 변화를 이끌어내기 위해서는 지적 능력과 자기 절제가 중요한데, 인간은 이해와 노력보다 평계와 합리화에 너무도 천재적이어서 어렵게 세운 계획의 중단에 신화적 능력을 발휘합니다. 우리의 무의식적 능력은 생존에 유리한 구조를 가지고 있을 확률이 높습니다. 이 점에서 『게으름에 대한 찬양』(버트런드 러셀. 사회평론. 2005)이라는 제목으로 책을 쓴 철학자 버트런드 러셀의 안목은 탁월했습니다. 어차피 본능이라면 이를 미워하는 것보다 찬양하는 것이 현명한 방법일 수 있습니다.

복잡하기 그지없는 현대 사회에 필요한 것은 도그마엔 언제든 의문을 제기하는 마음 자세와 모든 다양한 관점들에 공정할 수 있는 자유로운 정신을 가지고 차분하게 숙고하는 일이다.

버트런드 러셀의『게으름에 대한 찬양』서문 중에서

지속적인 노력을 통해 얻은 질의 변화는 밀도를 증가시켜 기존의 구조를 변화시키는 것뿐만 아니라, 그 변화를 바탕으로 새로운 영역으로 딛고 나아갈 단단한 디딤돌도 제공합니다. 인류의 역사는 여러 번의 이해 확장을 통한 구조 변화를 주기적으로 반영하며 확장되어 왔습니다. 그리고 마침내 우리는 '변화의 상시화' 시대에 도달했습니다.

이제 변화는 주기적인 것이 아니라 항시적인 것이 되었습니다. 항상 있는 것은 파악하기 어렵고, 고마워하기도 어렵습니다. 그래서 우리는 시간보다 공간에 대한 고마움을 자주 느끼지 못합니다 (부동산에 대한 고마움은 이 설명에 극단적으로 해당되지 않습니다. 여기서 제가 말하는 공간은 지구와 우주라고 생각해 주십시오). 공기와 물도 그러합니다. 안타깝게도 깨끗한 공기와 물에 대해 고마움을 느끼지 못하는 둔감해진 인류는 이제 돈을 지불하면서 이에 대한 소중함을 강제로 느끼고 있습니다. 깨끗한 물과 공기는 미래에 석유와 콜라보다 비싼 재화가 될 가능성이 높습니다.

삶의 방식과 사고 구조의 대전환이 필요하다

―

그렇다면 우리는 이러한 변화에 어떻게 대응해야 할까요? 변화에 대응하는 방법은 크게 두 가지라고 생각합니다. 하나는 운이 정말 좋은 경우로 그 변화들과 지속적으로 함께, 스스로, 적절히, 변화하는 것입니다. 하지만 변화라는 것은 개념 자체가 높은 불확실성을 가지고 있습니다. 인간이 지속성과 적절함을 동시에 유지하는 것은 너무도 어렵기에 이 방법은 성공 확률이 매우 희박합니다.

대배우 짐 캐리와 모건 프리먼이 열연한 영화「브루스 올마이티Bruce Almighty」를 보시면 신의 역할을 맡은 모건 프리먼이 짐 캐리에게 신의 능력을 주고서는 세상일을 잠시 맡기고 휴가를 떠나는 장면이 있습니다. 아니! 신도 가끔은 변화무쌍한 세상일을 남겨두고 휴가를 가는데, 우리 인간이 세상에 일어나는 수많은 일들과 그와 연결된 변화들에 딱딱 대응한다는 것이 가능할까요? 인류사 전

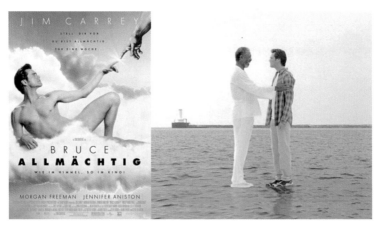

▲ 영화「브루스 올마이티」포스터와 스틸컷(출처: 브에나비스타 인터내셔널 코리아)

체에 두세 번 나타났거나 없었을 일입니다. 일단 저는 살면서 지금까지 그런 사례를 본 적이 없습니다.

인간관계에서도 이런 이유로 지속적인 관계가 드뭅니다. 어느 특정 시점에 서로를 깊게 이해하는 관계라도 시간과 상황의 흐름을 겪으면서 서로의 변화를 보지 못하거나, 오해하거나, 상대의 진면목을 이해할 만한 능력의 부족으로 틈이 발생합니다. 이러한 틈은 적대감으로 강화되기도 합니다. 이는 이해관계의 충돌처럼 여겨지지만, 사실은 상대방에 대한 자신의 상상이 빚어낸 공포가 관계의 악화나 단절을 가져오게 합니다.

몽상이나 공상으로 인하여 합리적 사고가 줄어드는 것을 자폐적 사고Autistic thinking라고 합니다. 자폐적이라는 의미는 모든 일의 기준을 자신으로 삼는다는 것을 뜻합니다. 모든 상황, 사건 속에서 자신을 중심으로 두고 합리화를 하는 것이죠. 이러한 방식이 지속적으로 유지되면 어려움에 대한 설명을 외부나 타인에게서 찾으려는 엉뚱한 편견을 만들게 됩니다. 편견은 외부 집단에 대한 특정한 태도가 아니라 자신의 세계관이 반영된 결과입니다. 편견이 있는 사람들은 세상을 흑백논리로 바라보며, 어떤 일에 대해 유일한 방법만을 맹신합니다. 이러한 이분법적인 단순한 사고 구조는 복잡한 상황과 관계를 적절히 다루기에 부적합합니다.

우리는 삶의 방식 전체를 바꾸어 모호함을 견딜 수 있는 사고 구조로 전환해야 합니다. 관계에서 영원하다는 것은 변하지 않는 것이 아니라 지속적으로 함께 변해가며 서로를 이해하는 것입니다. 특히 어려운 상황이 발생했을 때 더욱 그렇습니다. 하지만 이런 가능성이 너무도 작기에 사람들은 변할 가능성이 없고, 재해석의 여지도 거의 없는 어린 시절의 관계에서 진실한 관계의 모조품을 찾거나, 이해관계의 동일성이 가장 강력한 가족 집단 내에서 내심 서로가 서로를 힘들어 하면서도 이것이 소중한 관계라는 자기설득으로 버티고 있기도 합니다. 변하지 않는 것이 없는 세상에서 고정되어 있는 것을 영원하다고 스스로를 합리화하면서요. 진실로 사랑하는 사람들과는 함께 변화를 받아들이고 이해를 확장하는 노력을 지속해야 하지 않을까 싶습니다.

변화의 폭을 넓히고 싶다면?

변화에 대응하는 또 하나는 방법은 변화를 해석할 수 있는 우리의 이해를 기존보다 넓고 다양하게 확장하는 것입니다. 이 방법은 언제나, 누구에게나 가능한 방법이며, 오랫동안 우리가 해오던 방법입니다. 제가 추천하는 방법도 바로 이것입니다.

우리가 받아온 유치원, 초등학교, 중학교, 고등학교, 대학교, 대학원, 박사후 과정은 지속적으로 범위와 깊이를 확장하는 구조입니다. 시대별로 사회가 적용하는 필수 교육의 범위가 달라지고, 계층 문제의 핵심이 되는 교육 수준이 어디를 경계로 하느냐가 달라질 뿐입니다. 물론 그 경계는 높은 교육 비용의 고학력 방향으로 지속적으로 움직입니다. 높은 교육 비용은 후발주자의 진입을 막고 자신의 독점적인 지위를 유지하는 수단으로 쓰입니다. 일종의 사다리 걷어차기죠.

하지만 이제 의지만 있다면 누구나 스스로 깊이 있는 공부를 할 수 있는 방법이 너무도 많아진 세상이 되었습니다. 그리고 이제는 필수 교육 과정이 끝난 후에도 평생 학습을 해야 한다는 것이 상식처럼 되어가고 있습니다. 교육敎育은 타인의 의지에 따라 이루어지고, 학습學習은 스스로의 의지에 의해서 이루어집니다. 그래서 저는 평생 교육이라는 표현보다 평생 학습이라는 표현이 더 적절하다고 생각합니다.

각각의 단계를 확장해갈 때 장점과 단점의 엇물림이 생깁니다. 유치원은 마냥 행복한 시절이기를 바라는 마음으로 남겨두고 초등학교 생활에 대해 생각해 보겠습니다. 새로운 친구도 생기고, 배우는 것도 다양해지는 등의 여러 가지 장점이 있습니다. 하지만 고학

년이 되면서 학원도 다녀야 하고, 친구들과 선생님과의 관계에서 문제도 생기면서 여러 가지 단점을 경험하게 됩니다. 그러고 나서 중학교에 진학하게 되면 초등학교 때의 단점에서 멀어지고, 더 확장된 지식을 배워 이전에 해결책을 고민하던 부분들을 일정 부분 해결하게 됩니다('중학교 올라가면 스마트폰 사 줄게'라는 부모님의 약속이 있었다면 특히나 결정적인 문제 해결 상황일 수 있습니다).

다시 학년이 올라갈수록 단점들이 또 튀어나옵니다. 친구는 이성 친구가 생겼는데 그저 가만히 있었던 자신은 모태솔로라는 타이틀을 얻게 되기도 하고, 꿈이 뭐냐고 끈질기게 물어보는 부모님과 친척들에게 손가락 오그라드는 말도 꾸며내야 합니다. 이렇게 범위의 확대는 새로운 영역의 장단점을 통해서 기존 범위의 문제에 대한 해결책을 제공하는 동시에 또 다른 새로운 문제를 발생시키게 됩니다. 이는 끝없는 변화를 포함한 반복입니다.

이러한 확장적 구조에서 중요한 점은 초등학교 수준의 지식을 중학교 수준에서 제대로 활용하기는 어렵다는 것입니다. 두 영역은 서로 맞닿아 있기 때문에 겹치거나 서로 영향을 주고받는 상태입니다. 아직 이전 단계의 지식을 충분히 익혀서 응용하는 상태까지는 아니어서 해결해야 할 문제를 식은 죽처럼 느끼지는 못합니다. 그렇기 때문에 초등학교에서 배운 내용을 자연스럽게 사용하는 것은 고등학교 과정에 가서야 가능해집니다. 다시 말해서 평생 공부하는 사람이 아닌 경우에는 대학에서 배운 것을 사회에 나와서 제대로 활용하지 못하는 것이 당연합니다.

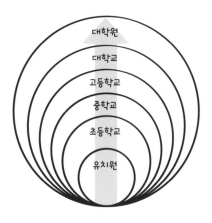

▲ 대학원 이상의 단계는 정형화된 형태보다 다양한 형태로 나아갑니다

세상을 복잡계로 바라보는 인디언처럼

우리가 평생 하고 있는 일들은 무엇인가요? 가장 먼저 떠오르는 것은 본능적인 활동들일 것입니다. 우리는 매일 숨을 쉬고, 땀을 배출하고, 잠을 잡니다. 이는 개별 인간이 생명으로 존재하기 위한 필수적인 요소들입니다. 그렇기에 기나긴 진화의 과정은 이러한

과정들을 자동화하여 굳이 사고 과정이 개입하지 않고도 자동으로 이루어지게 만들었습니다.

다음으로는 음식을 먹는 것과 섹스입니다. 스스로 생존의 지속성을 확보하기 위해서 우리는 음식이 필요합니다. 그리고 종으로서 인류를 유지시키기 위해서 성행위를 통해 자손을 이어갑니다. 물론 인간은 음식의 섭취를 요리의 즐거움으로 발전시켰고, 성행위를 카타르시스와 타인과의 교류 행위로 확장했습니다. 이러한 점들을 인간만의 특별함이라고 보기는 어렵습니다. 호주에서 발견된 사례로 새들 중에는 불이 난 숲에 곡식을 떨어뜨려 익힌 알곡을 먹는 새가 있습니다. 또 보노보 원숭이들은 인간과 같은 방식으로 서로의 얼굴을 바라보며 성관계를 가지며, 집단과 다른 구성원과의 긴장 완화와 관계 형성을 위한 방법으로 성행위를 사용합니다.

◀ 눈을 마주보는 성행위 자세는 몸과 마음을 동시에 연결하는 행위입니다. 하나의 행위가 두 가지 차원의 교류로 확장된 것입니다.

우리 인간은 이 책의 주제인 '복잡계'에 너무도 적당한 대상입니다. 진화의 과정은 기존의 상태를 바탕으로 한 새로운 범위로의 확장입니다. 최초의 인류는 나무 위에서 생활하다가 초원으로 내려온 존재입니다. 그 과정에서 시각과 뇌의 활동이 생존에 핵심적인 역할을 했습니다. 사실 눈도 뇌 조직의 일부가 삐져나온 기관이기 때문에 뇌의 활동을 인류의 특성이라고 이야기할 수 있겠습니다. 초원에서의 생활은 멀리 있는 적과 사냥감을 알아보는 것이 중요하기 때문에 사족보행보다 직립보행이 유리합니다. 이러한 유리함을 획득하기 위해서 인류는 횡격막에 큰 부담을 주는 직립보행 자세에 적응했고, 아이를 출산하기에 어려운 골반 구조를 감수했습니다.

지속되는 도전과 응전의 복잡하고 어려운 과정들 속에서 인류는 자신의 신체 구조를 점진적으로 개선시키는 단계를 넘어서서 불과 도구를 활용하여 활동과 생존 능력을 향상시켰고 그 결과 지구에 가장 큰 영향을 미치는 구성원 중 하나가 되었습니다.

이렇듯 인류의 독특함은 고도화된 지적 능력을 가진 동물이라는 점입니다. 항상은 아니지만 본능을 억제하는 범위를 확대하여 새로운 영역을 만들어가는 우리의 모습이 그 증거라고 생각합니다. 본능은 완전히 절제될 수 없기 때문에 배출구가 필요합니다. 반대로 능력은 조절과 절제가 가능합니다. 본능이 항상 억제된다고 하면 그게 더 큰 문제겠죠. 그러면 인류는 진작 멸종했을 테니까요.

40억 년 생명의 역사를 통해 인간은 가장 복잡한 구조의 집단적 존재가 되었습니다. 그렇습니다. 우리는 집단적 존재입니다. 호모 사피엔스는 진화상의 약점이 있었습니다. 미숙아로 태어난다는 점입니다. 하지만 약점은 곧 강점입니다. 미숙아로 태어나 부모와 연결되지 않으면 생존이 불가능한 우리는 강력한 커뮤니케이션 능력을 발달시켰습니다.

인간의 뇌가 커진 것이 물리적 환경에 잘 대응하기 위한 측면보다 복잡한 사회적 관계망을 형성하는 사회적 삶을 위한 것이라는 학술적 의견도 있습니다. 인간은 영장류 중에서 가장 큰 전두엽 구조를 활용하여 가장 큰 사회 집단을 만들었습니다. 집단이 커지면 구조는 복잡해지고 다양성은 증가합니다. 그렇기에 세상이 점점 복잡하고 어렵다고 여겨지는 것은 특별한 일이 아니라 자연스러운 일입니다. 우리가 살고 있는 환경을 자연이라고 부른다면 자연의 구조가 그렇게 바뀌었기 때문입니다(참고로 뇌의 성장은 아랫부분과 뒷부분부터 발달합니다. 그래서 10대 이전에는 전두엽이 거의 발달하지 않다가 사춘기가 넘어서면서 전두엽의 성장이 가속됩니다. 그리고 성장의 형태가 비선형적 특성을 띠는 시기이기도 합니다. 그러니 '중2병'을 앓고 있는 청소년이 주변에 계신 분들은 너무 서두르지 마십시오. 오히려 이들을 여러분의 인격을 고양시키는 고마운 분들이라고 생각하고, 인내하고 사랑하시면 좋을 것 같습니다. 저는 제 아이들에게 잘 못 그랬던 것 같습니다. 당시에는 몰라서 그랬다고 평계를 대볼까 합니다. 여러분들은 알게 되셨네요. 축하드립니다).

승용차보다 버스를 운전하는 것은 훨씬 어렵습니다. 게다가 특수장비차량을 다루는 것은 아예 한 차원 다른 문제입니다. 새로운 영역으로의 확장, 지나온 길에 대한 이해의 고도화를 통해 인간은 그 어느 때보다 복잡한 세상을 만들고 살아가고 있습니다.

이제 인간은 우주의 원리까지 이해를 확장하고 있지만, 동시에 자신이 서 있는 환경을 악화시키는 행동에도 거침이 없습니다. 인디언의 세상 사는 법을 주제로 류시화 시인이 수집하고 옮긴 『나는 왜 너가 아니고 나인가』(류시화 엮음. 더숲. 2017)에는 이러한 내용이 있습니다.

오래전의 인디언들의 예언에 따르면, 지구는 인간들의 손에 의해 점점 나빠질 것이며, 그것이 얼마나 나빠졌는가를 경고해주는 두 가지 중요한 징조가 있을 것이다. 한 가지 징조는 바람의 속도가 점점 빨라지리라는 것이다. 바람의 속도가 매우 빨라지면, 그때는 이미 위험한 시기에 접어든 것이다. 또 다른 징조는 사람들이 아이들을 대하는 방식이다. 오늘날 신문을 펼쳐 보라. 그러면 아이들이 얼마나 버림받고

성적으로 학대받는가를 알 수 있을 것이다. 집 없는 아이들이 수백만 명에 이른다. 지구 환경이 매우 나빠졌음을 말해주는 중요한 증거다.

류시화의 『나는 왜 너가 아니고 나인가』 중에서

이는 인간이 환경의 변화에 지나치게 큰 영향을 주거나, 사회의 도덕과 질서가 위험에 처한 상황에 대한 경고입니다. 인디언 문명은 세상을 복잡계로 이해하고 지속 가능성에 매우 중요한 가치를 둔 생활 태도를 가진 문명이었습니다. 현대 사회에서 이러한 환경과 사회라는 두 가지 측면의 변화가 매우 빨라지고 있습니다.

지속적인 것은 구조적인 것입니다. 그렇기에 문제 해결과 대응을 위해서는 구조에 대한 이해가 필요합니다.

단순계와
복잡계

탐구가 중요한 단순계, 변화가 중요한 복잡계

단순계는 질서와 무질서가 공존하지만 따로 '분리分離'되어 있는 구조를 가지고 있습니다. 단순계는 전체를 구성하는 부분들을 분리된 상태로 나누어 이해할 수 있다는 생각 구조입니다. 반면 복잡계는 질서와 무질서가 함께 섞여 있고 '연결連結'되어 있는 상태입니다. 그래서 전체적인 측면에는 질서가 있지만, 개별적인 측면에는 질서가 없습니다.

크게 보면 서양은 단순계를 바탕으로 이해를 확장해왔고, 동양은 복잡계를 가정하고 세상을 바라봤습니다. 사고 방식의 가장 큰 차이점은 서양은 정情의 관점에서 세상을 바라보기 때문에 기본 요소에 대한 탐구가 중요하고, 동양은 동動의 관점에서 세상을 바라보기 때문에 변화에 대한 중요성이 큽니다.

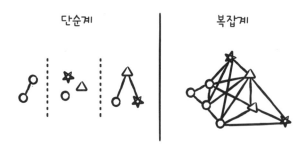

▲ 분리되어 있는 단순계, 연결되어 있는 복잡계

　　동양과 서양의 부분과 전체의 구조에 대한 상이한 이해 방식은 최근 100년 동안 양자물리학Quantum physics을 통해서 통합된 이해로 나아가고 있습니다. 서양의 방식으로는 변증법(모순과 대립을 지양하고 고차의 인식에 이르는 사고 형식)이라고 부를 수 있고, 동양의 방식으로는 정반합正反合이라고 부를 수 있겠습니다. 저는 이 경우처럼 동서양 모두에서 사용하는 방식이 한쪽에서만 사용되는 방식보다 중요하다고 생각합니다. 더 넓은 이해의 방식이라고 생각하기 때문입니다. 저는 이렇게 표현합니다.

　　"세상의 모든 것에는 양면이 있다. 그렇기 때문에 좋은 면만 있는 것도 없고, 나쁜 면만 있는 것도 없다. 어떤 것을 이해하기 위해서는 그 양면을 모두 이해해야 한다. 그러고 나서야 그다음의 범위로 나아갈 수 있다."

절대 진리가 발전시킨 서양의 단순계

뉴턴의 물리학 이론을 기점으로 설계된 서양 고전 과학은 인류에 참 많은 것을 알려주었습니다. 우리의 현재 삶의 대부분은 서양 고전 과학의 이해를 바탕으로 합니다. 그 접근 방식은 세상을 단순계로 바라보는 방식입니다.

뉴턴은 지구와 태양이라는 운동체를 두 개일 경우로 한정하여 중력을 설명했습니다. 다른 별들과 위성들의 영향까지 고려한 복잡계의 상황은 해당되지 않습니다. 서양 의학도 환자의 증상들에 각각 개별적으로 대응하면서 발전해왔습니다. 지금이야 이해의 확장으로 그렇지 않지만 예전의 서양 의학은 환자의 아픈 부위를 치료할 때 절단이라는 방법을 많이 사용했습니다. 중세 해적 영화를 보면 팔도 다리도 눈도 없는 분들이 그렇게나 많은 이유입니다. 그렇기에 여러 가지 원인들로 인하여 발생하는 종합적인 질병에 대응하기에는 한계가 있었습니다.

서양 과학에서 활용도가 매우 높은 방식인 미분은 분리라는 개념의 적용입니다. 그래서 분업이라는 효율성 높은 방식을 개발했지만 종합적 사고와 이로부터 오는 만족감에서는 멀어졌습니다.

또 다른 측면은 서양의 지성은 기독교 사상의 영향이 매우 크다는 점입니다. 절대성을 기준으로 사고하는 방식에서 복잡계는 그들의 사고 범위를 넘어선 문제였습니다. 서양의 신은 언제나 확실한 길을 제시하지 모호한 요소는 없다는 생각을 가지고 있었기 때문입니다. 이러한 사고 방식은 서기 400년경 성 아우구스티누스가 살았던 무렵 로마의 법관들의 판결에서 드러납니다. 그들은 수학자와 범죄자를 관련법에 따라 이렇게 판결했습니다. '기하학을 배우거나 수학만큼이나 흉측한 대중 활동에 참여하는 일을 금지한다.' 그들에게 기존 체제는 완벽했기 때문에 수학이나 기하학처럼 새로운 생각이나 기존의 체계를 혼란스럽게 하는 생각은 범죄였던 것입니다. 그래서 다양하고 복잡한 문제들에 대해 언제나 동일한 해결책을 제시하게 됩니다. 믿음이 부족하니(기존의 지식과 질서에 대한) 믿음을 키우라는 것이죠.

매우 유명한 문구로 어찌 보면 양자물리학이라는 개념보다 더 널리 알려진 아인슈타인의 '신은 주사위 놀이를 하지 않는다'는 말은 유대인으로서 인과율이 성립하며 확실성 법칙이 지배하는 세상에 대한 믿음의 표현이었습니다. 확실성의 과학에서 상대성이라는 불확정성이 반영된 과학으로 세계를 안내한 분조차도 과거의 이해 방식에서 벗어나는 것은 참으로 어려웠나 봅니다.

복잡계 세상을 이해하는 데 동양이 서양보다 유리하다?

———

복잡계 현상은 단순계 방식의 사고로는 해석할 수 없습니다. 다양한 변수를 고려하지 않고 단순계의 방식으로 판단해 실패한 의사결정 사례는 주변에 너무도 많습니다. 최근의 사례를 들어보겠습니다. 많은 분들이 사랑하고 즐기는 축구에서 에피소드가 있었습니다. 2021년 4월, 수익 극대화라는 경제적 논리만을 바탕으로 미국 최대 은행인 JP모건체이스가 유러피언슈퍼리그$_{ESL}$가 출범하는 데 40억 달러를 투자하기로 했습니다. 그러나 유럽의 축구팬들, 선수단 및 구단 관계자들, 유럽 각국 정부들의 극심한 반발로 투자 계획이 삼일천하로 와해되었습니다. 그 이유는 무엇이었을까요?

축구에는 정치·경제적 측면에서 지속적으로 약해지고 있는 유럽의 마지막 지역적 자존심과 문화적 자긍심이 무척이나 많이 투영되어 있습니다. 그래서 월드컵에 대한 열광은 세계대전의 대리

전 양상으로 이해되기도 합니다. 그런데 미국의 투자, 즉 원조를 통해 개최하는 축구 리그가 그들에게 달갑지 않았던 것이죠. 경제라는 단순한 관점으로만 접근했기 때문에 이때 고려하지 못한 다른 요인의 작용으로 예상 외의 결과가 나타났던 것입니다.

▲ '가난한 사람이 만들고, 부자들이 훔친다'는 문구로
미국 거대 은행이 주도하는 축구 리그 신설에 반대한 유럽 축구팬들

하지만 서양의 생각 방식과 다르게 동양의 사상은 복잡계의 불확실성과 확률 현상을 받아들이기 때문에 '우연偶然'에 가치를 부여합니다. 세상은 불확실한 것이기에 이성에 의해서만 파악하고 대

응할 수 있는 것이 아니고, 아무런 인과관계 없이도 뜻하지 않은 일들이 발생할 수 있다는 생각을 가지고 있습니다.

복잡계 구조의 세상에서는 운명도 절대적인 것이 아니라 자주 변할 수 있다고 생각합니다. 그래서 꿈보다 해몽이라는 말처럼 주관적인 해석의 중요성이 커집니다. 세상을 바라보는 태도에 따라 지금 닥친 상황을 얼마든지 다르게 받아들이는 것이 가능한 구조입니다.

흔히들 서양은 개인적이고 동양은 집단적이라고 표현합니다. 주관적인 해석을 훨씬 더 반영하는 동양의 생각 방식을 보면 서양은 외적으로 개인적인 반면에, 동양은 내적으로 서양보다 더 개인적인 것이 아닌가 하는 생각도 해봅니다.

개인주의의 가정은 분리分離가 가능하다는 단순계 구조이고, 집단주의의 가정은 모든 것이 연결連結되어 있다는 복잡계 구조입니다. 개인Individual이란 단어는 더 이상 나눌 수 없는 것 'In + Dividual'이라는 의미입니다. 집단을 계속해서 나누면 마지막에 개인이 남는다는 것입니다. 집단을 나눌 수 있는 대상으로 생각했기에 개인이라는 개념도 만들어졌습니다. 이러한 분리의 사고 방식이 개인주의라는 가치관의 바탕이 됩니다.

그럼 집단주의가 더 적당한 선택일까요? 저는 우리가 집단주적이면서 동시에 개인주의적이어야 한다고 생각합니다. 아니, 숟가락과 젓가락이 둘 다 있는데 왜 하나로만 식사를 해야 할까요? 둘 중 어느 것의 사용 빈도가 많은가는 선택 사항이 되겠지만 일단은 둘 다 사용하면 됩니다. 복잡계에 대한 대응 방식은 다양한 관점들이 많으면 많을수록 유리합니다. 서양의 '사물이나 관계가 분리가 가능하다'는 관점은 여러 면에서 핵심적인 역할을 합니다. 기억해 주십시오.

이 책의 목적은 다양한 생각을 투자로 이어보는 것이기 때문에, 지난 몇 세기 동안 만들어지고 주류의 위치를 차지하고 있는 서양의 접근법을 주로 다루겠습니다. 이러한 접근 방식은 최초에 단순계의 구조로 시작하여 복잡계 영역으로 현재 확장되고 있습니다.

다루지 않는 부분을 잠시 말씀드리면 동양 사상에서도 다양한 차이를 가진 생각들이 존재합니다. 공자의 사상은 중앙집권적 체제와 단순계에 좀 더 가까운 방식으로 세상을 바라봅니다. 반면 노장 사상은 복잡계를 고차원적으로 다루고 있습니다.

인도 사상은 단순계의 사상에 익숙한 사람은 메스꺼움을 느낄 정도로 복합적이고 다양한 구조를 다루고 있습니다. 해외에서 생활하면서 여러 나라 사람들과 만나본 분들 중 다수가 "인도 사람들은 정말 이해가 안 돼!"라고 말하곤 합니다. 물론 세계에서 두 번째로 인구가 많은 나라이니 사람들의 다양성도 무척 크겠죠. 하지만 단지 그 이유만은 아닙니다.

인도는 문화적으로 가장 비물질적 사고 구조를 가지고 있습니다. 그래서 물질적 사고를 바탕으로 사고하는 사람들의 가치관과는 매우 다릅니다. 인도인들은 옳고 그름에 대한 판단 기준도, 항상 지켜져야 할 도덕과 가치의 기준도 정해져 있기보다 '지금 이 순간'에 가장 적절한 행동을 하는 것이 최선이라고 생각합니다. 그래서 다른 문화권, 특히 단단한 기준을 가진 문화권의 사람들에게 인도 사람들은 '이랬다가 저랬다가 왔다갔다 하는' 사람들로 보이는 것이죠.

복잡계를 이해하려는 서양의 시도들

서양에서도 다양한 분야에 복잡계를 반영하거나 새롭게 받아들이려는 시도가 많아지고 있습니다. 가장 자연스러운 분야는 바로 생물학입니다. 우리 스스로가 생명체이기도 하고, 여러 가지 생명체를 연구하다 보면 그 구조가 복잡하게 이루어져 있다는 것을 파악하게 되는 것은 당연합니다. 생명은 하나의 이론만으로는 설명되지 않는 복잡한 개체죠. 그렇기에 많은 생물학자들은 다른 과학 분야나 정치, 문화 등 다양한 분야에서 단순한 해석을 바탕으로 이루어지는 의사결정에 대해 경고와 반대의 목소리를 지속적으로 내고 있습니다.

현대 과학에서 단순계 사고를 복잡계 사고로 전환시킨 중요한 흐름들을 짚어보겠습니다. 너무도 유명한 문장입니다. '지구 반대편 나비의 작은 날갯짓 하나가, 이곳의 폭풍우를 일으킬 수도 있다'는 비유의 '나비효과The Butterfly Effect'는 사소한 일 하나가 상황과 시간을 거치면서 엄청난 결과를 가져온다는 카오스 이론을 대표하는 용어입니다. 일반적으로 날씨와 관련된 현상을 설명할 때 잘 쓰이지만 경제, 역사와 같은 다수의 사람들과 요소들로 구성된 사건들의 예측 불가능성을 설명하는 이론이기도 합니다.

1950년대 기상학의 선형적인 모델 설명력에 회의를 느낀 에드워드 노턴 로렌즈Edward Norton Lorenz는 그가 관측한 기상 현상이 비선형 상태인 점을 반영하여 1963년에 「결정론적인 비주기적 유동Deterministic Non-periodic Flow」을 발표했고 이 이론을 '나비효과'라고 불렀습니다. 이 이론에 따르면 작은 변수에 의해서도 시스템의 미래가 극단적 혼란 상황이 될 만큼 증폭되기에 예측 과정에서 너무나도 많은 요소를 고려해야 합니다. 하지만 변수가 되는 요소가 너무 많기에 예측은 불가능에 가깝다는 것이 복잡계 이론의 핵심입니다.

현재 금융시장 구조에 큰 영향을 끼친 전 연방준비제도Fed 의장 앨런 그린스펀Alen Greenspan도 임기를 마치고 나서 지금의 세상을 설명하는 데 복잡계를 핵심으로 언급했습니다.

> 오늘날의 경쟁 시장은 우리가 눈치채든 못 채든 애덤 스미스가 말한 '보이지 않는 손'의 국제 버전에 따라 움직인다. 이 손은 구제불능으로 불투명하다. 현저히 드문 예외(예컨대 2008년 금융위기)가 있기는 하지만 글로벌 버전의 '보이지 않는 손'은 그동안 비교적 안정적인 환율과 이율, 가격, 임금을 만들어냈다. 문제는 이것이다. 버블이나 붕괴 같은 '현저히 드문 예외'를 제외하고 시장을 분석한다는 것은, 폭풍이나 가뭄을 제외하고 날씨를 분석한다는 말과 같다.
>
> 앨런 그린스펀의 《파이낸셜 타임스》 기고문(2011) 중에서

복잡계 이론이 일반적으로 널리 알려진 시점은 1960년대지만 서양에서 태동된 것은 19세기부터입니다. 그때부터 지금까지 서양은 오랜 기간 다양한 생각과 실수, 검증을 거쳤습니다. 그리고 그 과정 속에서 결과만 가지고는 알 수 없는 깊은 지식과 지혜를 쌓아왔습니다.

과거에 있었던 일들을 되돌아보는 것은 발생한 부분만을 보게 되는 것입니다. 이 과정에서 일어났을지도 모르는 상황들과 수많

은 시행착오라는 경험을 알기는 거의 불가능합니다. 우리는 한국 전쟁 이후 선진국에서 400여 년 동안 쌓아온 일들을 70년 동안 압축해서 따라잡는 과정을 거쳤습니다. 사실 카오스 이론도 우리는 1960년대가 아니라 1990년대에 들어와서야 자주 접할 수 있었습니다. 밀린 숙제들이 많으니 동시대의 발전을 바로 받아들일 수 없었던 거죠. 그렇기에 우리 사회는 학생의 입장에서 언제나 정답을 가르쳐주는 선생님에게 잘 배우고, 선생님이 시킨 것을 잘 해내면 세상을 살아가는 데 문제가 없다는 습관을 자동적으로 만들어왔습니다. 절대적인 확실성이 존재하는 단순계 사회를 살아왔던 것입니다.

이제는 상황이 완전히 달라졌습니다. 복잡해진 세상에서 실력과 세계관을 가지고 무한 경쟁에서 생존해야 하는 상황이 된 것입니다. 실력과 운이 모두 필요한 상황입니다. 복잡계는 예상하지 못했거나 우연적인 일들이 증가합니다. 열심히 노력하는 것은 당연히 중요하지만 결국 잘해야(경쟁력+운) 합니다.

복잡계에서는 운 혹은 우연의 영향이 커집니다. 우연도 지나고 나서 해석하면 이해 가능한 것도 있지만, 파악하려 노력해도 여전히 미스터리로 남는 일이 많습니다. 모든 의사결정은 이러한 불확실하고 위험한 상황에서 더 적절한 결과를 얻기 위한 노력입니다.

투자도 당연히 그렇습니다. 그렇기에 복잡계의 핵심 개념인 불확실성과 우연에 대한 이해는 어느 때보다 중요한 요인이 되었습니다. 우연에 대한 이야기는 뒤에서 좀 더 자세히 풀어보겠습니다.

현재 복잡계는 다방면에서 연구되고 적용되고 있습니다. 복잡계 연구의 핵심은 연결이 증가한 상황에 대한 이해를 바탕으로 다양한 상호작용이 어떻게 영향을 끼치는지를 이해하여, 그 현상들이 특정한 단계에서 어떤 임계 현상을 보이면서 창발하는지 그 성질을 이해하고 적용하는 것입니다. 특성이 이렇다 보니 기존에 학문 간의 교류가 적었던 학계의 분위기도 많이 달라졌습니다. 연결된 세상이 복잡계의 주요 특성이기 때문에 학문들 간에도 서로 연결되고 교류되어야 한다는 당위성이 생겨난 것입니다. 그래서 물리학으로 사회를 바라보고, 생태학으로 정치를 해석하며, 경제학으로 심리 문제를 다룹니다. 다양한 관점들이 상호 교차하며 불규칙적으로 움직이는 것처럼 보이는 현상을 해석하는 시도가 여러 분야의 협업을 통해서 발전하고 있습니다.

우연을
다루다

합리화의 수단으로 사용된 우연

원시시대에는 우연이라는 개념이 없었습니다. 무작위적인 예측 불가의 사건은 모두 신의 계시로 보았기 때문입니다. 이런 세계관 하에서 점술은 신과의 소통 수단의 위치를 차지했습니다. 여러 가지 창조 신화에 우연적인 에피소드가 넘쳐나는 것은 우연이 신의 섭리에 해당되기 때문입니다.

인간이 이러한 우연을 다룬 최초의 방식은 도박을 통해서였습니다. 우연을 뜻하는 영어단어 'Chance'는 '떨어지다'는 뜻의 라틴어 'Cadere 카데레'에서 파생된 것입니다. '주사위는 던져졌다alea iacta est/alea jacta est '라는 유명한 문구에서 보듯이 인간이 정말로 알고 싶은 것은 무엇이 일어날지가 아니라 자기가 원하는 것이 일어나는 가입니다. 그래서 지금도 많은 사람들이 점을 보러 가서는 점쟁이가 자신이 원하는 말을 해주지 않으면 그 말이 나올 때까지 계속해서 다른 곳을 찾아다니고 있습니다.

인간의 합리화 방식은 참 오랫동안 개발되어 왔습니다. 신의 뜻이라는 이름을 붙여서 일이 잘못되었을 때의 의무에서 벗어날 수 있는 적당한 변명거리를 만드는 것이죠. 저는 스스로에게 원하는 일이 일어날 거라고 믿는 아주 저렴한 방법을 사용하고 있습니다. 어차피 자신에 대한 믿음을 강화하는 것이 최종 목표라면 스스로 자신을 설득하면 됩니다. 그게 타인이나 도구에 의지하는 것보다 효율적이지 않을까요? 실천 방법은 간단합니다. 아침에 세수할 때 거울 속의 나에게 '오늘 하루가 내가 꿈꾸는 방향으로 나아갈 것'이라고 스스로 다짐하듯 알려주시면 됩니다. 생활비를 절약하실 분들은 참고하십시오.

참고로 전 세계 도박의 역사에서 우리나라가 중요한 역할을 담당하고 있다는 것을 아십니까? 도박에서 가장 많이 사용되는 것은 주사위와 카드입니다. 가장 오래된 주사위는 선사시대 무덤에서 기원전 6000년부터 사용되었고, 현재의 육면체 모양은 기원전 2000년 이집트의 오시리스의 무덤에서 발견되었습니다. '카드card'는 '예언자' 또는 '예견하다'의 뜻인 아랍어 'nabi'가 여러 가지 형태로 변화된 단어입니다. 가장 오래된 것은 기원전 4000년 바빌론과 이집트에서 발견되었습니다.

자! 이제 우리가 등장할 차례입니다. 오늘날의 카드 형태는 12세기 고려의 투전에서 기름을 먹인 종이 막대를 사용한 것이 기원입니다. 이것이 중국에서 화폐의 형태로 바뀌어 네 가지 무늬로 구성된 지금의 트럼프 카드가 된 것입니다. 한국의 1세대 프로게이머 분들 중에는 포커플레이어로 전향한 분들이 계시죠. '종주국'의 자부심을 키워줄 것이라고 응원하고 있습니다. 우리에게는 꾼의 피가 흐르고 있습니다. 다시 본론으로 돌아가겠습니다.

▲ 술을 마시며 벌칙을 주기 위해 사용된 14면체 주사위 복제품,
남자들의 실내 오락 중 하나였던 투전패(출처: 국립민속박물관)

우연을 예측하는 것은 가능할까?

———

서양에서 합리성의 범위로 우연을 다루기 시작한 것은 고대 그리스 철학입니다. 당연히 그 시절의 접근은 종교적 관념과 철학적 관점이 혼재되어 있었습니다. 플라톤의 『법률』에서 신의 개념은 '모든 우연성이 복종하는 최후의 목적인目的因, Telos'으로 정의되어 있습니다.

우연에 대한 관심은 높았지만 학문적 연구는 상당한 시간이 지나서 나타났습니다. 확률Probability이 무작위성에 대한 수학적 개념으로 처음 책에 쓰인 것은 1661년이었습니다. 이제 우연이 종교적 범위에서 인간의 이해 범위로 넘어오게 되면서 신의 뜻에서 지식의 부재部材로 변화된 것입니다.

유럽은 아메리카 대륙의 발견으로 시작된 16세기 신항로 개척의 성과로 넓어진 범위의 세상을 향해 나아갔습니다. 17~18세기에는 중상주의 자본주의가 심화되면서 기업가들에 의해 커다란 위험을 감수하는 투자 행위가 증가했습니다.

중상주의 자본주의는 매우 투기적인 성격을 가지고 있습니다. 이런 위험한 행동의 증가는 반대로 위험을 감소시킬 수단의 필요를 높였고 이는 보험과 연금 제도가 만들어지는 토대를 만들었습니다. 최초의 보험은 배의 행방불명 가능성과 무사 귀환의 가능성을 확률로 계산하여 보장해주기 위해 고안되었습니다. 하지만 확률에 의한 결과는 순수한 우연이 아니라 과학의 방법을 통해 이해할 수 있는 범위로 대상을 제한하는 것입니다. 그래서 확률은 장기적이고 일반적인 예측은 가능하지만, 개별적인 결정에 대한 구체적이고 확실한 정보는 주지 못합니다.

우연에 대한 확률 연구에서 중요한 인물은 프랑스의 수학자 블레즈 파스칼Blaise Pascal입니다. 참고로 18세기 이전의 학자를 수학자, 철학자, 과학자 등으로 구분하는 것은 의미가 없습니다. 현재 우리의 필요에 따라 구분한 것이지 당시 이들은 모든 범위의 학문을 종합적으로 연구하는 학자였습니다. 다양한 방식의 전체적인 접근이라는 이 책의 주제를 사용하는 시대였던 것입니다.

어느 날 철학자이자 도박사인 슈발리에 드 메레는 진행 중인 도박이 중단될 때 판돈을 나누는 방법을 알고 싶어졌고 친구인 파스칼에게 이 답을 구했습니다. 이 문제에 대한 논쟁으로 고전적 확률이론이 만들어졌습니다. 파스칼은 중단된 게임 이후의 게임을 결말이 알려지지 않은 미완으로 해석했습니다. 과거는 미래의 일과 아무런 상관이 없기에 진행되지 않은 게임은 진행된 게임의 결과에 기초해서 정해지면 안 된다는 것입니다. 이는 과거와 미래라는 시간이 이미 벌어진 사건과 이후 벌어질 사건 간에 영향을 주지 않는다는 분리 구조적 해석입니다. 진행된 게임은 결정된 승률로 나누고, 남은 게임은 승률을 동일하게 적용하는 것입니다.

5판 3선승

2판째   A가 이길 확률?   50%
A B ⇨
2:0   B가 이길 확률?   50%

▲ 과거의 기록은 미래의 기록에 영향을 미칠 수 없다는 파스칼의 게임 이론

19세기가 되자 이해의 범위가 확장되면서 과학과 철학은 결정론에서 형이상학적 의미를 제거합니다. 신의 존재가 쇠퇴하면서 우연이라는 개념은 이전보다 중요한 자리를 차지하게 됩니다. 우연은 인류에게 중요한 이정표를 제공한 다윈의 진화론에서도 그 역할을 합니다. 다윈은 종의 변종이 발생하는 원리에 '우연'이 작용한다고 말했죠.

하지만 세상에 공짜는 없습니다. 세계의 구조가 비결정적 구조라는 새로운 원리를 발견했지만, 그 결과 인간은 '존재론적 불안정' 상태가 됩니다. 더 많은 지식이 확실성과 안정성을 증가시켜줄 것이라고 생각했는데, 지식의 확장으로 오히려 불완전하고 불

확실한 상태가 된 것입니다.

20세기에 드디어 막다른 길에 도달합니다. 독일의 물리학자 베르너 하이젠베르크Werner Karl Heisenberg에 의해 '불확정성 원리Uncertainty principle'가 새로운 원리로 제시됩니다. 이 원리는 양자물리학에서 위치와 운동량은 동시에 확정된 값을 가질 수 없으므로 결과에 대한 예측이 불가능하기에 통계적인 기대값만을 가질 수 있다는 것을 의미합니다.

양자물리학의 근본 원리인 이 이론은 자연 세계를 바라보는 관점이었던 '확실성의 종말'을 선언하여 결정론적 세계관을 무너뜨렸습니다. 이제 우리는 '불확실성이 지배하는 시대'로 넘어왔습니다. 그렇기에 우연을 포괄하는 새로운 유형의 법칙이 필요해졌습니다.

앞으로의 우연에 대처할 우리의 자세

우연, 불확실성, 연결의 증가, 복잡한 상호작용 등의 교차로 인해 세상을 어떠한 기준으로 바라본다는 것의 의미가 작아졌습니다. 반복적으로 말씀드리지만 기존의 이해 수단이 전혀 의미가 없다는 것은 아닙니다. 단지 기존 이해의 바탕 위에 새로운 이해를 추가하는 것입니다. 진화의 과정처럼 말이죠. 이제 우연은 우리가 기도하는 대상이 아니라 이해하고 적용하는 주제가 되어야 합니다.

우연에도 긍정적인 요소와 부정적인 요소가 모두 있습니다. 좋은 우연들은 쌓이고 쌓여 좋은 체질이 됩니다. 반대로 변동성만 있거나 상황을 악화시키는 나쁜 우연들은 쌓이면 우리의 생존 가능성에 위협이 됩니다.

관찰자의 관점이 단순하면 아무리 다양한 요인들이 발생해도 그저 하나의 현상이 다양한 표현으로 발현된 것처럼 보입니다. 그래서 복잡계에서는 대상에 대한 연구도 중요하지만 관찰자 스스로가 사고의 범위를 확장하는 것이 중요합니다. 관찰이 대상에게 영향을 주기 때문입니다. 이러한 해석 방식의 변화는 기존보다 다름을 인정하는 가치를 더 키울 것이라고 생각합니다.

예전에는 학자가 아니라 학문이 발전하는 것이 목표였다면, 이제는 다양한 학자와 학문이 함께 발전하는 세상이 추구될 것입니다. 물리학을 전공하는 학자의 심리 안정에 심리학자가 도움을 주었다면 그 심리학자는 물리학의 발전에 기여한 것입니다. 동양 사상의 전체적 조화로움을 중요하게 생각하는 투자자가 환경 문제에 기여하는 기업들에 투자하게 되면 그는 환경 운동가가 되는 것이죠. 이제 모든 것들은 연결되었고, 더 연결되고 있다는 것을 이해해야 합니다.

복잡계에 단순계를 적용하는 지금의 현실

외부가 아닌 내부에 집중하라

단순계에서는 목표가 가시적이기 때문에 속도가 중요합니다. 하지만 복잡계에서는 변수들이 너무도 많기 때문에 다양한 상황에 적절히 대응할 수 있는 이해의 폭을 넓혀 얻은 지속 가능성이 중요합니다. 속도에서 지속 가능성으로 핵심이 달라지는 것입니다.

현시점에서 우리는 빠르게 상대방을 추격하던 기존의 패스트 팔로어Fast-follower 전략의 강화에서 근원적인 이해의 확장으로 전환해야 합니다. 이제는 다른 사람들에 의해 만들어진 기존의 접근 방법을 받아들이고 따르는 것이 아니라 우리만의 독특함과 경쟁력이 필요합니다.

일본의 성장 방식을 모방한 관료주의적 경제 시스템 운영, 서양의 사고 방식을 강화한 개인주의, 합리성을 바탕으로 쌓아온 과학 이론 등 외부에서 전수받은 내용은 도움은 되지만, 우리 사회의 내적 질서를 만들어주지는 않습니다. 현실적인 필요성을 충족시켜 줄 수는 있지만 그러한 방식은 권위적인 형태로 내적 자생성을 누르는 무거움이 되기도 합니다. 쇼트트랙 경기의 긴장감처럼 우리는 주변 국가와 상황에 대해 극도의 예민함을 가지고 생활해왔습니다. 우리는 이러한 외부 요소를 극복하는 노력을 통해 세계적인 수준에 도달했지만, 우리 스스로를 바라보기 위해 시간과 노력을 쓰기는 어려웠습니다. 이제는 비교를 통해 부지불식간에 낭비했던 마음의 에너지를 우리의 본질적인 요소와 정체성을 이해하는 데 사용해야 합니다.

예전의 단기적인 경쟁에서는 상대의 움직임에 민감하게 대응하는 것이 중요했습니다. 직장에서 무언가 어렵거나 새로운 일이 생기면 거의 본능적으로 윗사람은 부하 직원에게 "다른 회사는 어떻게 하는지 알아봐", "다른 데는 어떻게 하는지 보고, 분위기 봐서 결정하자"라고 말합니다. 왜 이럴까요? 우리 사회는 기본적으로 새로움을 창조하거나 한국만의 독자적인 색깔을 내는 것보다 선진국이나 1등 조직을 따라하는 구조였기 때문입니다. 이제는 그럴 수 있는 환경이 아님에도 불구하고 기존의 성장 모델 혹은 가장 실패 확률이 적은 방식에서 벗어나지 못하고 있습니다.

이제는 세계와의 경쟁이면서 동시에 자신과의 싸움입니다. 그간의 단기적인 관점이 아니라 장기적인 관점을 가지는 것이 무엇보다 필요합니다. 지금 우리는 남과 비교하기보다 새롭게 자신을 개조하고 개선하며 스스로 싸워야 합니다. 5000년 역사에서 100년은 하루로 따지면 30분도 채 안 되는 시간입니다. 역사에 특수한 구간들은 항상 있어 왔고 앞으로도 있을 것입니다. 이제 장기적 가치를 향해 다시 움직일 시점입니다. 복잡계의 삶은 어제의 여러분과 오늘의 여러분의 시합입니다.

◀ 복잡계에서 우리는 과거의 자신과 싸워 이겨야 합니다.

복잡계 선두에 설 저력이 충분한 대한민국

현재 여러 가지 국제 정치의 기준을 적용했을 때 우리나라가 열악한 여건에 놓여 있는 것은 사실입니다. 강대국에 둘러싸여 있고, 자원도 충분하지 않습니다. 역사적으로 주변 강대국들과 힘으로 대결하기 어려운 현실 속에서 우리는 스스로 높은 도덕 수준을 가졌다는 정체성을 만들어 '도덕 지향성 국가'가 되었다는 것이 서울대학교에서 8년 동안 한국 철학을 연구한 교토대학 오구라 기조 교수님의 해석입니다.

도덕 지향적이라는 의미는 도덕적이라는 것이 아니라 모든 것을 도덕으로 환원하여 평가한다는 '도덕 환원주의'를 의미합니다. 이것은 우리가 도덕적이고 남이 부도덕적이라는 것이 아니라, 우리는 도덕적이고 타인은 부도덕적이라고 '주장하는 것'이라 해석할 수 있습니다.

생각해 볼 부분이 있는 해석입니다. 이러한 행동은 다양한 면을 도덕이라는 하나의 기준으로 적용한다는 점에서 복잡계 현상에 단순계를 적용한 것입니다. 그런데 잘 생각해 보면 어디서 들어본 이야기 아닙니까? 독보적인 글로벌 기업 애플을 보면 스티브 잡스는 '현실왜곡장(동료들에게 확신을 주고 몰아붙여 불가능한 일을 성취하게 하는 리더십)'이라는 경영 전략을 통해 직원들이 불가능한 일에 도전하고 성취할 수 있는 분위기를 만들어냈습니다. 우리가 강대국에 대항하는 대신 스스로 높은 도덕 수준을 만들어낸 것도 일종의 극한의 상황 속에서 자신만의 해석을 통해 스스로 멘털을 지키는 합리화의 방식입니다. 이를 통해 어려운 상황을 버틸 수 있는 강한 정신력을 가지게 된 것입니다. 아직도 우리는 국가대표 선수들에게 이 점을 강요하고 있는 건 아닌가 싶습니다.

이러한 정서는 다른 나라 사람을 말할 때 'XX놈', 'ZZ놈', 'UU놈' 이라는 식으로 매도하는 표현에 배어 있습니다. 이렇듯 해석과 합리화 과정은 어려운 현실을 넘어서고 이겨내는 힘을 만들어냅니다. 하지만 위의 방식은 문제를 해결한다기보다 현실의 문제를 마음의 위안을 통해 피하는 단기적인 대응에 그치는 처방이라고 생각합니다. 약자의 상황에서 우리끼리 쌓인 감정을 푸는 용도일 뿐이지 그게 장기적 가치를 주는 유의미한 표현인지 저는 잘 모르겠습니다.

여러 가지 지리적, 사회적, 역사적 어려움에도 불구하고, 한국전쟁 이후 우리는 매우 인상적인 모습을 세계에 보여줬습니다. 어떤 나라에서도 사례를 찾을 수 없는 훌륭하고 빠른 성장의 성과였습니다. 저는 X세대로 한국전쟁 종료 후 아무것도 없는 이 땅에 세계와 자웅을 겨누는 산업 사회를 일궈낸 부모님 세대의 노고에 진심으로 감사를 표합니다. 그 과정에서 우리의 어르신들께서는 너무도 바삐 사셨습니다. 사회가 충분한 존경과 휴식을 이분들께 제공해야 한다고 생각합니다. 하지만 이전의 시대정신이 통하지 않는 현재(복잡계)에 과거의 관점(단순계)으로만 세상을 바라보는 장년층의 흐려진 시선은 가슴이 아픕니다.

젊은 세대도 안타깝습니다. 20여 년이라는 긴 기간 동안 현실에 적합한 지식보다 과거의 시대적 유물(단순계)을 익히는 데 너무 많은 에너지를 소진했습니다. 막상 성인이 되어 전 세계와 동시에 경쟁하는 상황(복잡계)에서 그간 쌓아온 지식의 버전이 한참 뒤쳐진 구식이라는 것을 확인하고 힘들어하고 있습니다. 해외 유학을 다녀온 친구들조차도 우리 사회가 가지고 있는 가치관과 생각 구조를 기반으로 공부를 했기에 단순계와 복잡계를 조합한 엉뚱한 이해를 만들고 있는 모습도 보입니다. 하지만 그러한 어려움에도 불구하고 새로움과 진정성을 만들어가는 젊은 세대의 모습을 보면서 한국인의 진정한 저력을 느낍니다.

신영복 교수님은 세상을 바꾸는 일은 기존의 가치를 지키려는 중심부가 아니라 변방에서 이루어질 것이라고 말씀하셨습니다. 중심부는 스스로를 강화하고 군림하다 보니 변방이 가진 자유로움과 창조성이 없습니다. 그래서 인류 문명의 중심은 부단히 주변부

62

에서 에너지를 공급받아야 하는데, 주변부가 이렇게 적절한 기능을 하기 위해서는 '중심부에 대한 열등감'이 없어야 한다고 하셨습니다.

우리 사회는 최근까지 미국이라는 중심부, 그 전에는 일본이라는 중심부, 그 이전에는 중국이라는 중심부가 있었습니다. 다양한 중심부들의 영향을 받은 것은 우리의 특성을 형성한 중요 요인 중 하나였습니다. 이제 우리는 스스로 중심을 잡고 세계의 중심부에 에너지를 공급해야 합니다.

우리는 주변부입니다. 말씀드렸듯이 주변부는 단점만 가지고 있는 것이 아니라 장점도 있습니다. 단점에 매몰되어 열등감을 키우는 것이 아니라, 중심부가 가지지 못한 자유로움과 창조성을 공급하여 세상에 우리의 존재 의미를 키울 수 있어야 합니다. 최근 유수의 영화제와 전 세계 음악 차트에서 두드러져 보이는 한국 문화의 생동감生動感이 그러한 모습입니다. 저는 여러 분야에서 우리의 경이로움이 확장될 것이라고 믿고 있습니다.

단순계에서 복잡계 사고 구조로 바꾸려면?

사고 구조를 전환하는 데는 많은 노력과 시간이 필요합니다. 최소한 10년 이상의 노력을 꾸준히 진행했을 때 사고의 전환 가능성을 일정 수준 확보할 수 있습니다.

제가 뒤에서 설명하고자 하는 복잡계 구조에서의 투자 방식도 제가 2008년 유럽계 금융기관인 크레디트 스위스Credit Suisse에서 재직하던 시절, 서브프라임 사태라는 혼란을 겪으며 사이클 중심으로 경제를 바라봤던 기존의 방식이 작동하지 않고, 설명 가능하지도 않은 많은 일들이 현실에서 벌어지는 것을 경험하는 과정에서 그 해답을 찾기 위한 개인적인 시도로 시작되었습니다. 그리고 이 방식을 15년 가까이 주변 사람들과 공유하려 했지만 진정으로 받아들인 사람은 한두 명뿐이었습니다. 부디 이 책을 통해 많은 독자분들이 제 방식을 이해하고 받아들였으면 하는 마음입니다.

이제 우리의 적은 어제의 우리입니다. 이제부터 다가올 세계는 과거의 방식이 통하지 않는 세계일 겁니다. 그리고 이 세계에서 살아남기 위해 무찔러야 할 적은 다름 아닌 과거의 사고 방식을 가진 과거의 우리입니다. 과거의 우리와 달라지기 위해서는 단순히 시각을 바꾸는 정도로는 불가능합니다. 우리에게 필요한 것은 세계를 바라볼 때 가지고 있던 기존의 가정을 폐기하고, 새로운 가정을 적절하게 구성하는 것입니다.

인간의 모든 생각 구조는 어떠한 형태든 가정을 가지고 있습니다. 가장 정밀하고, 만국 공통어를 넘어서 우주의 언어라고까지 말하는 수학도 어떠한 가정하에 만들어진 논리입니다. 우리는 시각이 아니라 가정 자체를 바꿔야 합니다. 예술이나 운동을 가르치는 분들은 뭔가 배우다가 온 학생보다 아예 아무것도 배우지 않은 학생을 선호한다고 이야기합니다. 학생들이 잘못 배운 것을 고치는 것이 더 힘들기 때문입니다. 우리는 배우지 않은 시절로 돌아갈 수는 없지만, 진지한 노력을 통해 새로운 세상에 적합한 사고 구조를 만들 수 있습니다.

복잡계와 단순계의 구조를 잘 이해하면 여러 가지 어려운 문제에 도움이 됩니다. 세상을 살아가는 데 가장 복잡한 문제 중 하나인 인간관계에도 적절한 아이디어를 제공합니다.

누군가와 30분 이상 대화를 나누면 상대방의 성격과 생각 구조를 어느 정도 알 수 있습니다. 상대가 단순계 사고를 하고 있는지 아닌지를 단적으로 알려주는 표현이 있습니다. 대화 중에 상대방이 "결론이 뭐야?", "그래서 어쩌라는 거야?", "뭐라는 거야?" 같은 말을 하거나, 미간眉間은 정말 맛있는 것을 먹었을 때와 같은 모양이 되었는데 표정에는 답답함이 가득하다면, 십중구구十中九九 상대의 생각 구조는 단순계입니다. 단순한 사고 구조는 자신의 생각과 다른 관점에 관심이 없고, 관점이 같든 다르든 이유와 과정에 대해서 중요성을 부여하지 않습니다.

뭐, 이런 상사나 주변 사람을 한두 명쯤은 다 겪어보는 거 아니 겠어요? 한두 명뿐이었다면 인복이 많은 분이겠죠. 이런 사람을 상 대할 수 있는 적절한 방법은 그 사람은 상대가 자신에게 유리한지 불리한지에 따라 의사결정을 할 뿐이라고 생각하며 단순하게 접근 해야 합니다.

상대가 단순한데 복잡하게 대해봤자 여러분의 에너지 낭비입 니다. 그 에너지를 여러분의 배움과 확장을 위해 사용하시길 바랍 니다.

복잡계의 이해 방식을 받아들이는 삶

———

이론적으로 단순계 사고는 세상을 제로섬 게임으로 보고, 복 잡계 사고는 제로섬 게임이 아닌 확장되는 사회 구조를 생각합니 다. 제로섬 게임은 나의 이익과 상대의 손실이 같다는 생각 구조입 니다. 그래서 내가 이기기 위해서는 상대가 패배해야 하죠. 제로섬 사회에서 이기적 판단과 배신은 나에게 유리한 결과를 주기도 합 니다.

하지만 확장되는 사회에서는 협력이 유리합니다. 자신의 의견을 바꾸려는 의지가 없는 사람과 진실한 대화를 하려는 노력만큼 쓸데없는 일이 없습니다. 상대를 바꾸기 위해 에너지를 소모하지 말고 상대방의 생각 구조가 나중에라도 변화하는 일이 생기면 그때 협력하면 됩니다. 복잡계를 이해하는 사람들은 절대로 협력을 멈추지 않습니다. 과거의 부정적인 경험이 잠시 주춤하게 하고, 더 신중하게 만들기는 하지만, 연결된 세상에서 협력을 멈추는 일은 없습니다. 이처럼 더 넓은 범위의 이해를 얻은 사람은 과거의 좁은 범위의 이해의 삶으로 돌아갈 수 없습니다.

공자의 일화는 이러한 모습을 적절하게 보여줍니다. 공자가 제자들과 이동하던 중에 길가에서 똥을 누는 백성을 만났습니다. 공자는 제자들을 시켜 그 백성을 잡아다가 볼기를 치게 한 후 훈계하여 돌려보냅니다. 다시 길을 가는 중에 이번에는 길 한가운데서 똥을 싸는 놈을 보게 됩니다. 제자들이 아까처럼 혼쭐낼 준비를 하자 공자께서는 '저놈을 피해서 길을 가라'고 지시합니다. 어느 정도 지나친 후에 제자들이 물었습니다. "스승님, 아까 길가에서 똥을 싸는 놈은 혼을 내셨는데, 길 한가운데서 똥을 싸는 놈은 피해가라고 하신 이유가 무엇입니까?" 공자는 대답합니다. "길가에 똥을 싼다는 것은 마음 한구석에 그래도 부끄러움이 약간이라도 있는 것이다. 하지만 길 한가운데서 똥을 싼다는 것은 인간으로서 부끄러워하는 마음이 전혀 없다는 것이다. 부끄러움이 남아 있을 때는 가르칠 수 있지만, 그러한 마음이 전혀 없는 인간은 때려서도 가르칠 수 없다. 가르칠 수 없는데도 때리고 훈계하는 것은 어리석은 시간 낭비일 뿐이다." 이처럼 개념이 있는 사람과 없는 사람은 시공간 상으로는 함께 존재하지만 서로 완전히 다른 삶을 살고 있는 것입니다.

아직 대부분의 사람들이 단순계로 세상을 바라보고 있습니다. 이 가정을 부수고, 복잡계라는 새로운 개념의 이해 방식을 받아들여야 합니다. 말씀드렸듯이 우리에게 이것은 새로운 것이 아니라 우리의 역사와 함께 했던 삶의 방식입니다. 온고지신溫故知新이면 됩니다. 동양 사상의 전체적인 시각과 비물질적인 요소를 삶에 반영하는 태도에 과학적, 수학적 사고를 더하면 우리는 전 세계에서 복잡계 구조의 세상을 가장 잘 다룰 수 있는 민족입니다. 여러 분야에서의 노력이 성과를 내시리라 믿고, 저는 복잡계 구조를 다루는 설명을 이어가겠습니다.

멀티 & 메타
멀티 vs. 메타

공존하면서도 대치하는 멀티와 메타

멀티Multi-와 메타Meta-는 여러 가지로 구성되어 있다는 점에서 공통점을 갖습니다. 앞서 말했듯이 복잡계에서는 한 가지 대응 방식만으로는 문제를 해결하기 어렵습니다. 여러 가지 요소를 종합해 상황에 따라 적절하게 대응해야 하는데, 이때 멀티와 메타 개념은 적정한 대응 방식을 제공합니다.

예를 들어 직장에 다니는 가장을 생각해 보시죠. 멀티와 메타 개념이 없는 가장은 직장에서는 직장인이고, 집에서는 상사 같은 아빠이고, 아내의 사소한 이야기에 '그래서 하고 싶은 이야기가 뭐야?'라고 이성적으로만 대꾸하며, 명절에 처갓집에 가서도 회사 업무만 생각하고 있습니다. 이런 인물은 80년대 드라마에서 주로 볼 수 있습니다. 이런 인물상은 당시 드라마에서 상당히 긍정적으로 표현되곤 했죠. 하지만 지금은 이런 인물을 거의 찾아볼 수 없거니와 나오더라도 썩 좋은 느낌으로 등장하는 것 같지 않습니다.

이처럼 시대가 바뀌면 동일한 대응 방식이 적합에서 부적합으로 변화되기도 합니다. 개인은 시대를 바꾸는 주체가 아니라 영향을 주는 존재입니다. 시대를 바꾸는 것은 집단입니다. 이제는 직장인 같은 직장인, 친구 같은 아빠, 걸리적거리지 않는 남편, 집안 대소사에 통 큰 사위가 드라마가 추구하는 이미지입니다. 여러 가지 상황과 상대에 따라 다양한 측면을 요구하고 있죠. 여기까지는 멀티와 메타가 크게 다르지 않습니다.

그런데 장모님이 집에 오시게 됩니다(많은 분들의 공포심이 느껴지는군요). 시공간이 다른 상황에서 시공간이 일치되는 상황으로 환경이 변화한 것이죠. 멀티에서 메타로의 전환이 필요한 시점입니다. 장모님이 손주에게 잔소리하는 딸을 보며 불편함을 표현하고 있습니다. 특히나 '너도 어렸을 때는~'이라는 무시무시한 문구가 사용되는 현장이군요. 그 상황에서 헤게모니를 본능적으로 파악한 아들은 할머니에게 찰싹 달라붙어 자신의 존재감을 확장하기 위한 지능적 애교를 떱니다. 자, 퇴근해서 이 상황에 노출된 가장은 어떻게 행동해야 할까요? 대학 시험기간 도서관에서 메뚜기가 뛰던 생각을 하면서 이리저리 멀티적으로 뛰어다니면 될까요? 음, 대부분은 멘붕 상태가 되어 말수가 줄어듭니다. 가장은 그렇게 침묵의 아이콘이 되어갑니다.

하지만 메타의 개념이 있는 가장이라면 다릅니다. 아내의 등을 오른손으로 두드리며 눈빛으로는 '당신의 힘듦을 세상 누가 알겠소. 나도 그렇지만 항상 최선을 다해 당신 옆에 서 있겠소'를 표현합니다. 아내에게는 아부를, 장모님께는 딸을 사랑하는 사위의 모습을 동시에 보여주는 고수죠. 그러면서 입으로는 장모님의 새로운 브로치가 얼마나 잘 어울리는지 우렁차게 외침과 동시에, 왼손으로는 아들놈이 평소 원하던 장난감을 휴전을 제안하는 공물을 바치듯이 보여줍니다. 집안 분위기는 외계인의 침공으로 혼란에 빠진 상황에서 어벤져스가 돌아온 듯한 평화의 상태로 전환됩니다.

이렇게 멀티와 메타는 여러 가지를 의미한다는 점에서 둘 다 복잡계에 대응하는 방식을 제공한다는 공통점이 있지만, 메타 개념은 다양성뿐만 아니라 '동시간과 다차원 구조'를 반영한다는 점에서 차이가 있습니다. 다양성은 이해되는데 다차원 구조는 왜 그런

지 혹시 궁금하신가요? 설마 앞의 가장의 사례에서 세대 차이와 남
녀 차이와 권력 차이가 설마 동일한 차원이라고 생각하시는 건 아
니시겠죠?

포함되면서도 분리되는 멀티, 경계가 없는 메타

멀티라는 단어가 많이 사용되는 사례는 여러 가지 포지션을 소
화할 수 있는 선수를 부를 때 '멀티플레이어'라고 칭하는 경우가
대표적입니다. 한 선수가 경기에 필요한 여러 가지 포지션의 능력
을 다방면으로 가져야 얻을 수 있는 호칭이죠. 멀티 개념은 여러
가지 방식으로 다양하게 활용됩니다. 우리에게 익숙한 사례들을
몇 가지 살펴보면 짬짜면이라는 노벨상을 받아야 할 만한 멋진 사
례가 있죠. '엄마가 더 좋니, 아빠가 더 좋니?'라는 희대의 난제에
버금가는 난도를 가진 '짜장면을 먹을까, 짬뽕을 먹을까?'라는 문
제를 멀티라는 개념을 적용해서 해결했습니다. 하나의 그릇에 분
리된 두 가지를 다 담아낸 것이죠.

멀티는 하나에 여러 가지가 포함됩니다. 하지만 그 포함된 여러
가지는 분리되어 있습니다. 한 선수가 여러 가지 포지션을 소화할

▲ 한국인의 식사 딜레마를 강력하게 줄여준 짬짜면과 된치찌개

수 있지만, 공격을 하면서 동시에 수비를 할 수는 없습니다. 시간적
으로 분리되어 있는 것이죠. 전라도 광주에는 짜장면과 짬뽕을 한
그릇에 절반씩 넣고 비벼 먹는 짬짜면이 있어서 단맛과 매운맛이
섞인 독특한 맛을 경험하게 해주지만, 짜장면과 짬뽕이 주는 각각
의 그 무서운 아는 맛을 모두 채워주지는 않습니다. 그 맛은 공간
적으로 분리되어 있어야 가능한 일입니다. 그렇기에 분리된 용기
의 활용도는 다른 음식들로 확산되기도 합니다.

　제 생각에 멀티에서 메타로의 변화를 극단적으로 보여주는 것
은 미국 NBA리그입니다. 마이클 조던의 시대를 살았던 저는 시카
고 불스가 토론토에 원정 왔던 '96~97 시즌에 그의 모습을 직접 볼
수 있었습니다. 엄청난 인기로 당연히 표는 없었고, 저는 혹시 속는
것은 아닌가 하는 불안감을 안고서 20달러짜리 티켓을 120달러에

암표로 샀습니다(한국에서 암표 거래는 불법입니다). 짧은 어학연수 기간에 제가 볼 수 있는 유일한 경기라서 가난한 학생시절이었지만 먹는 걸 줄여서라도 봐야 했습니다. 그 경기에서 안타깝게 컨디션 난조를 보인 마이클 조던은 그 해 한 경기 최소 득점이었던 12점에 그쳤고, 출전 시간도 적었습니다. 하지만 스카티 피펜이 조던의 공백을 메꾸며 불스는 승리했습니다. 그 경기를 떠올리면 백조의 호수가 생각납니다. 제 눈에 조던은 공을 든 발레리노였습니다. '인간의 몸이 보여줄 수 있는 동작의 우아함이 이런 것이구나'라는 것을 느낄 만큼 황홀한 경기였죠.

정신을 차리고 경기에 집중하니 피펜의 동작이 보여주는 깔끔한 함축미, 데니스 로드먼의 사차원 플레이, 스티브 커의 진중한 움직임, 뤽 롱리의 뚱뚱함 등의 다양성이 보였습니다. 홈팀인 토론토 랩터스는 빈스 카터가 영입되기 전이어서 약체이기도 했지만, 모든 포지션에서 불스의 상대가 되지 않았습니다. 그 경기에서 득점은 적었지만 마이클 조던이 왜 올라운드All-round 플레이어인지는 그의 움직임 몇 번으로 바로 알 수 있었습니다.

조던을 제외한 포지션은 역할이 정해진 형태로 경기가 진행되었습니다. 현재 리그 최강의 장거리 슈터 스테판 커리가 속한 골든 스테이트 팀의 감독으로 당시 같은 포지션을 소화했던 슈터 스티브 커는 리바운드에 참여하지 않았습니다. 뤽 롱리는 속공을 뛰지 않았고, 피펜은 드리블 돌파가 많지는 않았으며, 로드먼은 카메라 위치를 여기저기 찾기 바빴지 다른 포지션의 움직임에 큰 관심을 보이지 않았습니다. 농구 경기는 포지션별로 역할이 나눠져 있는 멀티적인 형태였고, 마이클 조던은 그러한 구조를 깨는 새로운 플레이로 기존 영역을 파괴하며 확장하고 있었습니다. 당시에 뛰어난 선수들은 많았지만 구조를 깨는 플레이를 선보이는 선수는 조던이 유일했고, 경기 형태 역시 크게 바뀌지 않았습니다.

하지만 최근 NBA를 보면 키가 2.2미터에 달하는 센터가 3점슛을 무지막지하게 성공시키고 민첩하게 속공을 뜁니다. 속도가 중요해서 작고 빠른 선수들이 담당하던 포인트 가드의 키는 이제 대부분 2미터가 넘어서 가장 리바운드를 잘 잡는 선수들 명단에 이름을 올리기도 합니다. 이제 모든 선수가 어떤 포지션도 훌륭히 해내는 멀티팩을 장착했습니다. 공중으로 패스한 볼을 받는 '동시에' 덩크를 하고, 리바운드를 잡기 위해 점프한 상태에서 '동시에' 골을 넣습니다. 이전이라면 주간 하이라이트에 나올 만한 장면이 경기 시간 내내 넘쳐납니다. 그 결과 농구 경기당 평균 득점은 90점대에서 120점대로 올라섰습니다.

다른 인기 스포츠인 축구와 야구를 생각해 보시죠. 축구도 여러 가지 포지션을 소화할 수 있는 선수들이 늘었지만 한 선수가 공격과 수비를 동시에 하기에는 경기장이 너무 큽니다. 아무리 멀티플레이어라도 동시에 수비와 공격을 하지는 못합니다. 야구는 시간적으로 9회를 초와 말로 나누어 18개의 부분으로 분리해 놓은 구조라서 연속성이 떨어집니다. 그래서 축구와 농구에 비해서 경기의 흐름이 극적으로 뒤바뀌는 경우가 드뭅니다. 하지만 농구는 상대적으로 좁은 공간에서 연속적으로 공격과 수비가 (거의) 동시간에 이루어집니다. 공격과 수비라는 다른 차원의 형태가 하나의 시공간에서 이루어지는 것이죠. 제가 축구와 야구를 거시세계에 비유하고, 농구를 미시세계에 비유하는 이유입니다.

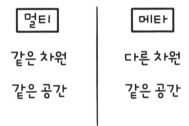

▲ 차원과 공간에 대한 정의가 다른 멀티와 메타

제 눈에 NBA리그는 다른 구기 종목과 과거의 자신들의 경기 모습인 멀티적 세계에서 진화하여, 새로운 원리가 작용하는 메타적 세계로 들어갔습니다. 농구는 이제 '메타적'인 게임이 된 것이죠. 저는 이 모습에서 거시세계를 다루는 고전물리학과 미시세계를 다루는 양자물리학의 차이를 은유隱喩합니다.

스스로 모든 것을 만드는 메타버스의 탄생

메타 개념은 최근 들어 급격하게 우리 사회에 침투했습니다. '메타버스'라는 용어는 순식간에 대부분의 사람에게 친근한 용어가 되었죠. 메타버스Metaverse는 가상·초월meta과 세계·우주universe 두 단어의 합성어입니다. 정치·경제·사회·문화 등 여러 가지 측면에서 현실과 비현실이 함께 공존할 수 있는 3차원 생활형·게임형 가상 세계를 뜻합니다.

메타버스를 말할 때 가장 많이 떠올리는 기업은 로블록스Roblox라는 게임 플랫폼 회사입니다. 2004년에 설립된 미국의 로블록스는 2010년대 하반기부터 빠르게 성장하다가, 코로나19 팬데믹 기간 동안 폭발적인 성장을 하게 되었습니다. 그 결과 로블록스는 미국의 10대들이 가장 긴 시간을 사용하는 플랫폼이 되었습니다. 로블록스의 게임은 사용자가 자체 게임 엔진으로 자신만의 게임을 만들고, 자신이 만든 게임을 다른 사용자가 플레이할 수 있도록 되어 있는 구조를 가지고 있습니다. 싸이월드에서 우리가 경험했던 것처럼 아바타와 공간을 만들어 가상 세계를 실현하는 단계에서 더 나아가, 가상 세계의 구조까지 사용자가 설계할 수 있게 된 것입니다. 가상 세계의 인간이 아니라 가상 세계의 신이 되는 것이 가능한 구조인 것이죠.

새로운 것은 직접 해보는 것을 선호하는 저는 로블록스 초기에 가입해봤습니다. 제 캐릭터 머리 위로 뛰어다니는 10대들을 멍하니 보고 있는데 제 머리를 밟고 다른 캐릭터들이 뛰어다니더군요. '아, 여긴 어디지? 나는 누구지?' 그러다가 나왔습니다.

▲ 직접 체험해 본 로블록스의 가상 세계

메타버스는 아직 명확한 개념 정의가 없는 상태입니다. 다만 제가 생각하는 메타 개념의 핵심은 '기술의 힘을 활용하여 동시에 여러 가지 세계관을 연결해서 키워가는 활동들'이라고 생각합니다.

어찌 보면 멀티태스킹의 개념과도 비슷한 점이 있습니다. 음악을 들으면서 공부를 하는 것처럼 두세 가지 일을 동시에 처리하는 것을 멀티태스킹이라고 합니다. 이러한 모습을 기성 세대들은 집중하기 어렵고 효율적이지 않다고 생각하는 경우도 있고, 이런 방식에 익숙한 세대들은 음악보다는 화이트 노이즈가 집중에 더 도움이 된다고도 말합니다. 그런데 이 효과는 이렇게 보는 사람들에 따라 다르게 보일 수 있지만 결국 공부를 하면서 음악을 듣는 사람은 한 사람입니다.

하지만 메타버스 세상에서는 한 사람이 만든 아바타가 가상 세계에서 다양한 활동을 합니다. 그리고 아바타가 여러 개일 수 있고, 활동하는 가상 세계도 여러 개일 수 있습니다. 그 아바타들이 각각의 세상을 동시에 만들어갑니다.

메타버스를 활용하는 사람은 기존의 물리적 현실과 가상 현실, 증강 현실들을 통하여 동시간에 여러 가지 활동을 다양한 캐릭터로 다양한 세상에서 경험하고 키워가는 것입니다. 마치 여러 개의 자아를 가지고 세상을 살아가는 것이죠. 이런 점에서 멀티와 메타는 구별됩니다.

또 다른 예를 볼까요. 가장들은 퇴근하고 씻기 싫은데도 가족의 심기를 건드려서 겪을 큰 소란을 피하기 위해 고양이 세수를 하고,

색이 바랜 오래된 옷을 걸치고, 소파에서 쓰러져 TV를 봅니다. 음성 인식으로 채널을 돌릴 수 있지만 리모컨으로 쉴 새 없이 채널을 돌려가면서 말입니다. 너무 이상하게 생각하지 말아주세요. 원시시대로 따지면 사냥을 나갔다가 동굴로 돌아와 모닥불을 보는 일종의 불멍을 때리며 피로를 푸는 것과 같은 것입니다. 아시다시피 사냥의 대부분은 성공이 아니라 실패입니다. 그 실패의 감정을 추스를 필요가 있습니다. 저희 가장들은 그저 가족들의 관심과 시선을 살짝 피해서 현대판 TV멍을 때리며 내일의 사냥을 위한 감정과 체력을 보충하고 있을 뿐입니다. 채널은 왜 돌리냐고요? 아니, 장작은 계속 집어넣어줘야 할 거 아닙니까? 이때 가족들의 시선이 다소 차가워도 신경쓰지 맙시다.

그런데 이때 TV를 보면서 책을 읽기 시작한다면 가족들의 시선은 많이 달라질 겁니다. 이런 활동이 바로 메타 활동입니다. 두 가지 완전히 다른 차원의 일을 동시간에 하는 것이죠. 무릎 위에 책을 두고, 한 방향의 시선으로 책을 스쳐 TV까지 도달합니다. 귀는 TV에 집중하기도 했다가, 흘려서 듣기도 합니다. 여러 가지를 동시에 병렬로 처리하는 것에는 남성보다 여성이 뛰어난 것은 알지만, 저희도 어느 정도는 할 수 있습니다. 그 원리가 계속 끊어지는 두 가지 활동의 연속이라고 할지라도요.

이때 음악을 들으며 공부를 하는 것도 메타가 아니냐는 질문이 있을 수도 있겠습니다. 하지만 저는 음악을 들으며(보조활동) 공부를 하는 것(주활동)과 TV를 보며(주활동) 책을 읽는 것(주활동)은 다른 차원의 문제라고 생각합니다. 즉, 동시에 하는 활동이 동등하다면 메타, 그렇지 않다면 멀티로 해석해주시면 감사하겠습니다.

사실 고등 동물은 원초적으로 메타 구조를 가지고 있습니다. 청각과 시각을 거의 대부분 동시에 활용하고 있고, 촉각과 미각도 하루 중 많은 시간을 함께 사용합니다. 여러 가지 기능들을 '동시에' 사용하는 것입니다. 앞서 멀티와 메타는 동시와 다차원의 구조라고 설명드렸습니다(저는 TV를 보는 것과 책을 읽는 것은 다른 차원의 활동이라고 생각합니다. 혹시 이 두 가지의 차원이 같다고 생각하는 분들은 이 설명이 멀티로 들릴 수도 있습니다).

인간의 몸은 진화 과정의 궤적으로 인해서 재미있는 요소를 참 많이 가지고 있습니다. 우리가 눈으로 보는 활동은 시신경과 같은 감각에 의해 가능합니다. 그런데 우리 몸에서 눈 말고 시각의 역할을 하는 곳이 한 군데 또 있습니다. 바로 손끝입니다.

눈이 없는 생명체는 촉각을 통해 움직입니다. 그렇기에 시신경은 촉각의 기능을 가지고 있고, 어두운 방에서 우리는 손을 더듬어서 방향을 잡고 물건을 찾습니다. 불의의 사고로 시력을 잃은 분들은 청각만 민감해지는 것이 아니라, 손끝의 촉각도 매우 민감해집니다. 그래서 손으로 점자책도 읽게 되는 것이죠. 손이 눈을 닮았다면 눈도 손을 닮았습니다. 그래서 눈으로 상대를 째려보거나 푸근히 바라보는 것은 상대에 대한 공격이나 애정의 표현이 되는 것이죠(너무도 감사하게 이 책을 보고 계신 분들 중 대다수 분들은 유튜브 「삼프로 TV」에서 저를 처음으로 보셨을 겁니다. 제 눈빛이 좀 포악한 분위기를 풍기는 걸 이제는 스스로도 인정하며 살고 있습니다. 불편을 드렸다면 죄송합니다. 이제 눈꺼풀이 조금씩 내려올 나이가 되었으니, 제 인상도 조금씩 부드러워지기를 바라겠습니다).

과학 기술이 만드는 메타 세계

———

최근 변화의 핵심 주체는 과학 기술입니다. 그렇다면 과학 기술이 만드는 메타 현상에는 어떤 것이 있을까요? 최근 모바일 게임에는 오토플레이Autoplay라는 기능이 대부분 탑재되어 있습니다. 예전 같으면 캐릭터를 직접 움직이고, 사냥하고, 아이템을 찾아야 했는데 요즘은 이 기능을 켜면 캐릭터가 스스로 돌아다니고, 레벨업까지 알아서 합니다. 그런데 아까 소파에 누워 있던 저와 같은 X세대는 몇몇을 제외하고는 핸드폰 게임을 오토플레이로 즐기는 분들이 많지 않을 겁니다. 이들은 직접 움직이고, 보상받는 것이 컴퓨터 게임을 하는 이유였던 세대입니다. 이러한 변화를 통해 멀티에서 메타로 변화하고 있는 최근의 환경을 살펴볼 수 있습니다.

멀티와 메타가 여러 가지를 한다는 점에서 비슷한 측면이 있습니다. 여러 개를 동시에 하는 점은 같지만, 멀티는 목표를 더 잘 달성하기 위해서 여러 가지를 사용하는 것이고, 메타는 목표 자체도 여러 가지고 지속성이 있는 활동입니다. 예를 들어 10단계로 구성된 게임이 있다고 가정해 보시죠. 7단계부터는 매우 어려워지는데 아이템을 사면 1시간 동안 오토플레이 기능을 쓸 수 있습니다. 그래서 그 아이템을 구매해서 근무 시간에 사용했습니다. 오토플레이를 사용했지만 사용자가 원하는 것은 10단계의 끝까지 도달하는 것입니다. 거기서 게임은 끝나는 것이죠. 과거의 게임은 이렇게 목적을 이루는 것이었습니다. 하지만 지금의 게임은 유저들이 길드를 구성하고 어떤 단계에 도달하면 새로운 세계로 서버가 업데이트되면서 활동을 이어갑니다. 스토리가 지속되는 것입니다. 멀티는 목적을 달성하는 수단적인 특성을 가지고, 메타는 세계를 만들어가는 구성적 특성을 가집니다.

지금은 대부분의 시뮬레이션 게임에 오토플레이 기능이 있습니다. 그래서 학생들은 수업을 들으면서 게임을 진행시키고, 직장인들은 일을 하면서도 게임 레벨을 올리고 있습니다. 스마트폰이 없었다면 불가능한 일입니다. 역시나 통신 기술의 발전이 없었다면 불가능한 일입니다.

우리는 기술의 발전으로 예전에는 하나만 했던 일을 동시에 해내고 있습니다. 하지만 어떠한 활동이 동시적이 된다는 것은 단순히 중요성이 두 배로 증가하는 것이 아닙니다. 더 나아가 나와 하나되는 일치감이 커지면서, 그 활동이 삶에서 의미하는 바가 커지는 것입니다. 게임을 하고 있는 젊은 동료분들과 대화를 해보면 '그만두어야 하는데 계속하고 있어요'라는 말을 종종 듣습니다. 그렇습니다. 자기의 생각과 마음대로 안 되는 것입니다. 게임이라는 활동이 기성 세대보다 더 삶에 중요한 요소가 된 것이죠.

기성 세대는 하고 싶은 마음이 더 이상 들지 않으면 게임을 쉽게 그만할 수 있었습니다. 하고 싶지 않은데도 하게 되는 이유는 정말 시간을 때울 필요가 있을 경우 외에는 별로 많지 않은 거죠. 하지만 젊은 세대에게 게임은 즐거움의 수단만이 아니라 소통을 포함한 삶에 훨씬 큰 기본 활동이 되었기 때문에 마음대로 중단할 수 있는 것 이상의 이유가 필요합니다. 그들에게 게임은 재미와 의미의 활동입니다. 이것이 동시성과 지속성이 가지는 큰 힘입니다.

각개전투는 그만, 협동을 통해 시너지를 낸다

———

이렇게 뭔가 큰 힘은 인간이 거부할 수 없습니다. 그렇기 때문에 세상의 구조가 근본적으로 변화하는 큰 힘은 의도하지 않아도 우리가 새로운 원리를 반영하는 행동을 하게 만듭니다. 그 힘을 정확하게 인지할 수 없음에도 말이죠. 다수의 기업에서 점점 더 시너지 효과를 중요하게 생각하는 것이 대표적입니다. 각각의 본부나 부서 단위에서의 성과도 여전히 중요하지만, 시너지 효과를 발생시키는 실적에 대해서 가중치를 부여하는 방식을 최근 많은 기업들이 사용하고 있습니다. 변수가 많아지고 해결 방법도 복잡해지는 환경에서 기업이 가진 여러 가지 능력을 종합적으로 활용하는 회사와 기존의 각개전투 방식으로 싸우는 회사와의 차이는 클 수밖에 없습니다. 이러한 사례는 역사 속 중요한 사건에서도 찾을 수 있습니다.

많은 분들이 좋아하시는 독일 차 브랜드들은 대부분 제2차 세계대전 당시 탱크와 군용 차량을 만들던 회사들이었습니다. 독일 탱크 부대는 거의 전설의 영역으로 그 뛰어남을 인정받은 부대입니다. 그러한 명성은 지금도 독일차에 대한 평판으로 그 명맥을 이어가고 있습니다.

하지만 많은 분들이 모르는 사실이 있습니다. 제2차 세계대전 당시 독일의 전차 기술과 다른 국가들의 전차 기술에는 그렇게 주목할 만한 차이가 사실 없었습니다. 그런데 왜 독일 탱크 부대는 백전백승의 명성을 얻게 되었을까요? 그것은 전차를 만드는 기술보다는 전신 기술의 역할이 컸습니다. 다른 나라의 전차 부대는 각각의 전차가 따로 기동을 하고 외부에서 지휘하는 지휘관이 미리 전술을 지시하거나 깃발 등의 신호로 의사소통을 진행했습니다. 반대로 독일은 새롭게 개발된 무선통신 기술을 전차들 간 의사소통이 가능한 방식으로 사용했습니다. 연결되지 않은 부대가 유기적인 의사소통을 하는 연결된 부대의 상대가 될 수는 없었던 것이죠. 승패의 결과는 명백했습니다.

연결은 전체적이고 다양한 변수들에 동시적으로 대응할 수 있는 방법을 제공합니다. 만약 무선통신 기술이 있음에도 불구하고 독일 전차 부대가 패전을 했다면 후세에 더 특별한 참고 사례가 되었을 수도 있습니다. 마치 2018년 러시아 월드컵 조별 리그에서 자랑스러운 대한민국에게 독일이 2대 0으로 패배하며, 80년 만에 처음으로 본선 진출에 실패했던 사례보다 더 치욕적인 사건으로 남았겠죠.

이번에는 제가 근무하는 타이거자산운용의 사례입니다. 저희 팀은 시간이 지날수록 점점 더 팀원들 간에 지성적으로, 감정적으로 연결되고 공유하는 부분이 쌓이는 조직이 되어가고 있습니다. 저희 회사의 주요 운용 전략은 멀티에셋 전략입니다. 멀티에셋 전략은 많은 헤지펀드 운용사들이 사용하고 있는 전략으로 다양한 자산의 위험과 기대수익률을 종합적으로 고려하여 가장 적합한 투자 대상을 선별하고 자산을 배분하는 절대수익 추구 전략입니다. 아래 두 도표는 모두 저희 회사의 투자 설명서에 나와 있는 내용으로 오른쪽 도표의 점선은 타이거팀이 여러 분야와 연결된 방식을 시각적으로 보여줍니다.

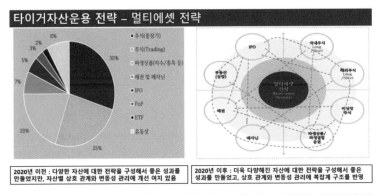

▲ 다양한 투자 방식을 연결시켜 복잡계 구조에 대응하는 타이거자산운용

많은 사람들의 삶에서 이번 코로나19 사태는 중요한 분기점 역할을 했습니다. 저와 저희 구성원도 그러했습니다. 전부는 아니지만 적지 않은 구성원들이 사회적, 개인적, 가정적으로 이번 사태를

통해 급격한 변화를 경험했고 난관에 처하기도 했습니다. 극심한 복잡계 현상을 경험한 것이죠. 하지만 인연의 힘, 서로의 노력, 공통의 목표를 향한 단합으로 문제들을 해결했습니다. 지나고 나니 감사하게도 투자와 인생에 대해 많은 것을 결과적으로 얻었습니다. 이토록 험한 투자의 항해에 '타이거자산운용'이라는 이름으로 이들과 함께하고 있음에 저는 하루하루 감사하고 있습니다.

경제학적 관점보다 생태학적 관점이 주목받는 시대가 온다

―

2019년 이전까지 저는 회사에서 마케팅을 담당하며 매크로와 다양한 요인들에 대해서는 오직 조언만 하고 있었습니다. 그때도 기존 방식의 개선과 새로운 전략의 확장을 위해 지속적으로 노력하면서 업계에서 최상위권을 유지했습니다만, 자산 간의 관계와 매우 복잡하고 다양하게 전개되고 있는 세계적 현상을 충분히 담고 있다고 하기에는 부족한 부분이 있었습니다(이 의견은 제 개인적 의견이기에 다른 구성원의 생각은 다를 수 있습니다. 하긴, 언제나 세상 모든 사람들의 생각이 일치할 수는 없겠네요).

이후 잠시 회사를 떠났던 저는 2020년에 마케팅에서 운용리서치 업무로 전환하여 복귀했습니다. 우리나라 금융 업계에서 저처럼 마케팅 분야에서 오랜 경력을 가진 사람이 운용으로 전환한 사례는 해외에 비해 그리 많지 않습니다. 이 점도 과거보다 다양성이 반영되는 현상이라고 볼 수 있겠네요. 이제 저는 투자에 대해 조언을 하는 것이 아니라, 직접 매크로와 다양한 환경을 파악하고, 전체적인 투자 포트폴리오의 방향과 색깔을 구성하고 있습니다(이재완 대표님과 김영준 이사님과 함께 말이죠).

저는 포트폴리오를 바라볼 때 생태학적 접근을 합니다. 이때 중요하게 생각하는 개념은 순환과 다양성입니다. 생명체가 살아가는 환경은 순환이 느려지면 문제가 발생합니다. 현재 환경 문제가 심각한 이유 중 하나입니다. 그리고 생물종은 다양성이 줄어들면 예상치 못한 외부 효과가 나타났을 때 심각한 위기에 처할 수 있습니다.

저와 타이거 팀 모두가 함께 구성한 전체 포트폴리오는 경제학적 관점보다 생태학적 관점의 비중이 큽니다. 저희는 구성원들의 생각을 극도로 솔직하게 공유하는 것을 중요하게 생각합니다. 잘 모르시는 분들이 타이거자산운용 팀이 토론하는 모습을 보시면 싸우고 있거나, 지나치게 노골적이고 민망하게 서로에게 비아냥거리거나, 플레이오프 우승한 농구팀이 회식하고 있는 모습이라고 생각하실 수도 있습니다.

이는 지적으로만 잘 연결되었다고 가능한 일이 아닙니다. 지적으로도 감정적으로도 '동시에', '다양한 방식'의 연결 구조가 만들어졌기 때문에 가능한 일입니다. 그 결과 다양한 생각들이 깊이 있는 검증 방식을 거쳐서 빠르게 반영되거나 폐기됩니다. 투자의 변수들에 바로바로 '반응'하는 것입니다.

큰 조직은 정교한 행정 구조를 만들고 규칙과 규제의 방식으로 운영됩니다. 단순계에서는 자유로움과 유연성이라는 비용을 치르더라도 유리함이 있었던 방식입니다. 하지만 현재의 복잡계에서는 크다는 것과 유리하다는 것이 비례 관계를 갖지 않습니다. 저와 타이거자산운용은 큰 조직은 아니지만, 유연하고 빠른 의사 결정을 통해 복잡계에서 유리한 위치를 차지하고 있습니다.

이제 세계관의 변화에 대한 설명을 마치고 경제와 투자에서 복잡계로 변화한 세상이 어떤 영향을 주는지, 그리고 우리는 어떻게 대처해야 하는지를 다루겠습니다. 저는 일을 할 때 여러 가지 요소들을 파악하고, 그중에서 투자에 반영할 수 있는 것을 찾는 방식으로 사고합니다. 앞으로의 제 설명이 다른 방식의 사고 구조를 가지신 분들에게는 전혀 다른 의미로 다가갈 수 있습니다. 이는 당연한 일입니다. 저는 저와는 다르지만 의미 있는 생각을 가진 분을 만난다면 그 생각을 통해 배울 것이 있는지 또 찾아보려 합니다. 그럼 이제 이 책의 주목적으로 들어가겠습니다.

투자
vs. 투기

함께하는 Nom, 활용하는 Nom, 사기 치는 Nom

20세기의 직장 문화는 '우리 모두는 식구다'라는 구호 아래 모두가 주인 의식을 가져야 하는 분위기였습니다. 사실 주인 의식을 가지라고 외치는 것보다 회사의 주식을 나눠주거나, 사게 하면 되는데 무슨 의도(?)로 그리 입 아프게 이야기했는지 의아하긴 합니다. 하지만 간혹 주식을 사고 싶지 않아도 의무적으로 사게 하는 경우도 있었죠(설마 아직도 이런 일이 발생하고 있지는 않죠?).

회사와 직원의 관계를 살펴보는 것은 생각보다 중요합니다. 회사와 직원이 함께하는 분위기인지, 서로가 서로를 활용하는 상황인지, 아니면 식구라고 주장하면서 사기를 치고 있는지는 극도로 중요한 문제죠. 회사와 직원과 고객이 모두 만족하는 것이 가장 좋은 상황입니다.

저는 회사와 고객은 성장하는데 직원이 성장하지 못한다면, 그것은 사기라고 생각합니다. 저는 회사가 한 활동이 구성원 모두에게 긍정적으로 작용해야 그 활동이 진짜라고 믿습니다. 예전 문화는 '회사가 좋으면 모두에게 좋은 것이야!'라고 외치기만 바빴고, 실제로 그런지는 살펴보지 않았었죠. 장점도 크고 단점도 큰 분위기였습니다.

21세기가 되어서 직장 내 관계는 선진국들처럼 계약관계의 구조로 이전되어, 이제 식구라는 표현보다 구성원이라는 표현을 하고, 회식도 일의 연장이며, 휴가 계획은 사적인 문제이지 공공연하게 언급될 일이 아니라는 분위기로 바뀌었습니다. 이제는 과거 회사와 직원 간에 추구하던 관계가 회사와 주주의 관계에서 더 잘 구현됩니다.

예를 들면 A 음료 회사 주식을 산 사람들은 A 회사 음료수만 사고 그 회사의 제품이 없는 경우에는 다른 곳까지 물색해서 구매하곤 합니다. 최근에는 성공한 IT기업에서 직원들에게 주식을 무상으로 나눠주는 사례도 종종 나타나고 있습니다. 참으로 보기 좋은 모습입니다. 그런 행동이 추구하는 것은 냉철한 계약관계의 '이성'

적 장점과 따뜻한 가족관계의 '감성'적 장점을 모두 포함하는 관계를 형성하려는 방안이겠죠. 관계의 층을 여러 가지 차원으로 늘려가는 이 같은 모습은 복잡계를 이야기하는 제 시각에서 적절한 대응의 모습으로 보입니다.

투자는 제로섬이 아닌 윈-윈 게임이다
—

저는 직원과 회사의 관계가 이렇게 운영되고 있는 회사들에 투자합니다. 그렇다면 투자投資란 무엇일까요? 영어로 투자는 Investing입니다. 여기서 Invest는 'In(안으로) + vest(권한을 부여하다)'로 나의 소중한 자산을 타인에게 위탁하여 좋은 결과가 나오길 기대하는 행위입니다.

한자로는 投(던질 투), 資(재물 자)입니다. 이 뜻은 영어의 의미와 일맥상통합니다. 그런데 投는 '머무를 두'라는 다른 의미도 가지고 있습니다. 資에는 '도움 자'라는 뜻도 있습니다. 그래서 저는 투자란 자신을 이롭게 하기 위한 목적으로 타인에게 자산의 운영을 위탁하여 '함께' 수익을 만드는 행위라고 생각합니다. 둘 중 한쪽만 이익이 된다면 그것은 투자보다는 활용活用이나 이용利用이라는 용어가 더 어울릴 것입니다. 이러한 활용이 주를 이루는 개념이 매매

Trading입니다. 투자Investing와 매매Trading의 가장 큰 차이는 함께하느냐, 활용하느냐의 차이입니다. 투자에는 윈-윈Win-Win 개념이 있어야 합니다. 이 책을 읽어 주시는 분들은 저에게 투자하고 계시다고 생각하고 있습니다. 그리고 저는 이 책을 쓰면서 여러분께 투자하고 있습니다.

그러면 투기投機는 무엇일까요? 대부분의 한자가 그렇듯이 기機도 여러 가지 의미를 가지고 있습니다. 사전에서 의미를 찾으면 순서가 다음과 같습니다. '1. 틀, 기계 2. 재치 3. 거짓'으로 1번과 2번의 의미를 반영하면 위에서 설명한 매매Trading에 가까운 의미가 되고, 2번과 3번의 의미를 반영하면 사기詐欺에 가까운 의미가 됩니다. 모든 활동은 중첩되는 범위가 있습니다. 투기에는 기술의 영역과 사기의 영역이 섞여 있기에 어느 특정한 선을 넘었는지 아닌지에 따라 성격이 바뀝니다.

명확하게 표현하기 위해서 투자投資, Investing, 매매賣買, Trading, 투기投機, Speculation로 구분하겠습니다. 투자는 투자자와 투자 대상이 함께 성장하는 관계라고 생각합니다. 매매는 투자자와 투자 대상이 거래 관계라고 생각합니다. 투기에서 투자 대상이란 타인을 속이기 위한 수단일 뿐 투기꾼에게는 어떠한 의미도 없습니다. 이기적인 자신만이 존재하는 행위인 것입니다.

그래서 가치관의 측면에서 투자는 사회 전체를 생각하는 집단주의 가치관이 어울리고, 매매는 합리적이고 객관적인 기준이 중요한 개인주의 가치관과 어울립니다. 그런데 투기는 가치관에는 일말의 관심도 없습니다. 저는 개인주의와 이기주의 성향이 강한 사람이 투자를 한다고 말하는 것이 도대체 무슨 말인지 이해가 가지 않습니다. 아마도 투자가 제일 멋진 것이라고 생각하는 모양입니다. 자기가 무엇을 하는지, 무엇이 어울리는지 파악하고 행동하는 것이 필요합니다.

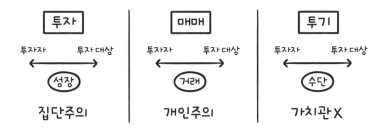

▲ 투자, 매매, 투기의 특성

하나만 선택할 이유는 없다

―

저는 투자Investing와 매매Trading는 다른 활동이라고 생각합니다. 그리고 무엇이 옳고 그르거나, 우위나 열위에 있는 문제가 아니라고 생각합니다. 하지만 많은 사람들이 투자를 더 상위 활동이라고 생각하는 경향이 있습니다. 하지만 저는 두 가지 다 다루어야 할 서로 다른 영역이지 둘 중 하나가 우위의 영역이라고 생각하지 않습니다.

복잡계를 다루는 데는 다양한 방식과 관점을 가지는 것이 유리합니다. 하지만 투기는 타인에게 피해를 주며 살아가는 삶의 방식입니다. 인간은 생각하는 동물입니다. 생각은 하지만 여전히 동물이기에 동물적 습성이 여러 군데서 튀어나옵니다. 동물은 화가 나거나 공격할 때 이빨로 물고 손톱으로 할큅니다. 인간은 동물의 영역을 넘어섰기에 어느 정도의 화는 참아냅니다. 그러면서 스스로를 누르는 와중에 손톱을 이빨로 물어뜯습니다. 이성으로 참아내지만 간혹 동물적 행동이 튀어나오는 것이죠.

정보화 사회가 되면서 이제 이러한 행동은 악성 댓글로 표현됩니다. 손톱을 사용하는 면은 동일하네요. 연예인 분들같이 노출이 많은 직업을 가지신 분들이 이 점을 이해하시고, 그런 댓글을 편안하게 넘겼으면 좋겠습니다. 가까운 지인들 중에서 감정 노동의 강도가 강하신 분들에게도 꼭 이 내용을 전해주십시오.

악성 댓글은 그저 인간의 동물적인 행동일 뿐입니다. 반대로 좋은 댓글은 서로를 쓰다듬는 행위입니다. 우리 영장류 동물은 특히나 털을 골라주는 행동에 큰 의미를 부여합니다. 사회적인 동물이기 때문입니다. 좋은 댓글은 아침에 서로를 만나면 '좋은 하루 되세요.', '잠은 잘 잤어?', '밥은 먹었나?' 하던 음성의 쓰담쓰담이 정보화 사회에서 새로운 방식으로 구현되는 일종의 털 고르기입니다. 물론 이런 설명과 해석으로는 악성 댓글을 줄일 수 없습니다. 인간의 분노와 이기심은 표현하지 않는 것이 어렵기 때문입니다. 그렇기에 많은 분들이 좋은 댓글을 늘려서 악성 댓글의 비중이 줄어들게 만드는 것이 가장 좋은 방법이라고 생각합니다.

다시 투자로 돌아오겠습니다. 저는 투자자Investor이면서 매매자Trader입니다. 복잡계를 설명하는 제가 두 가지 모두를 선택할 수 있는데 한 가지만 선택할 이유는 어디에도 없습니다. 투자자와 매매자가 가진 장점은 강화하고, 두 방법의 단점을 보안할 수 있는 방식을 찾는 것이 둘 중 하나를 선택하는 것보다 비교할 수 없이 유리합니다. 관점이 늘어날수록 유리해지는 것은 이전에도 말씀드리고 있고, 앞으로도 이 책에서 계속 말씀드릴 중심 생각입니다.

영원히 변화하는 세계

2부

복잡계의 탄생과 지금, 복잡계를 이해하는 법

COMPLEX SYSTEMS

이해의 구조를
이해하는 법

데이터, 정보, 지식, 지혜, 직관의 이해 과정

어떤 문제가 발생하고 그 문제를 해결하기 위해서 제일 중요한 것은 적절한 질문을 만드는 것입니다. 질문이 잘못되면 그 이후 최선을 다하여 노력했더라도 결과가 좋기는 어렵습니다. 물론 운이 좋아 어찌어찌 해결하는 경우가 있을 수도 있습니다.

질문을 제대로 설정하고, 문제를 해결하기 위해 우리는 몇 가지 과정을 거칩니다. 가장 먼저 우리는 문제를 해결하기 위한 질문을 설정하는 데 도움이 될 수 있는 '데이터Data'를 찾습니다. 그리고 확보된 데이터를 가공하여 '정보情報'를 얻습니다. 하지만 이 정보로는 문제를 해결하지 못합니다. 정보는 문제를 제기하거나 불확실성을 줄여주는 기능을 하지만 문제를 해결하기에는 부족한 상태입니다. 그래서 파악된 정보들을 연결하여 '지식知識'을 얻는 과정이 필요합니다. 지식은 단편적인 문제이거나 과거의 패턴에 해당하는 문제일 경우에는 해결 기능을 가지고 있습니다.

그리고 여러 가지의 지식들을 연결하고 조합하면 '지혜智慧/知慧'를 얻게 됩니다. 이제부터 우리는 지혜를 통해 여러 가지 다양한 상황과 어느 정도의 변화에 대한 해답도 얻게 됩니다. 마지막으로 지혜로움이 단단하고 깊어지면 '직관直觀'의 단계로 넘어가는 것이 가능합니다. 직관은 새롭고 낯선 문제들에 '아하!' 하는 모멘텀을 제공하며 기존의 범위를 확장하고 이해를 넓혀서 기존의 방법들이 제공하지 못했던 해결책을 찾게 해줍니다.

지혜와 직관의 수준은 정보가 거의 대부분 연결되어 있다는 점에서 유사성을 보입니다. 하지만 지혜에서 직관으로 점프하기 위해서는 지혜가 더욱더 다양하고 강하게 연결되어야 합니다. 다음 장의 그림에서 직관의 바탕이 되는 지혜의 연결이 더 두껍고 많은 선들로 표현된 이유입니다. 여기서 경험의 역할이 중요합니다. 사실 경험은 모든 구간에서 중요한 역할을 합니다만, 지혜에서 직관의 수준으로 넘어서는 데 핵심적인 역할을 하기 때문에 강조하고 있습니다. 지혜에서 직관으로 넘어가면 범위를 넘어선 낯선 문제에도 해결책을 찾을 수 있으며, 이를 넘어 통찰로 간다면 아예 다른 차원의 문제도 해결할 수 있게 됩니다. 다차원적인 이해를 적용하는 방식이 바로 통찰입니다.

통찰이라는 단어는 매우 다양하게 사용되고 있습니다. 다차원의 문제를 해결할 때도 사용하고 서로 떨어져 있는 문제도 한번에

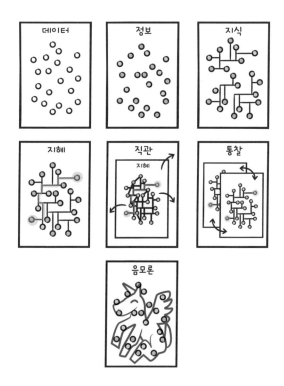

▲ 시각화한 이해의 구조 변화. 데이터를 자의적으로 해석하면 나오는 음모론

결론으로 다다를 수도 있습니다. 통찰에 대해 일반적인 정의가 있다고 보기는 어렵습니다. 데이터를 정보, 지식으로 확장시켜 나가면 깨닫게 되는 일련의 과정을 나도 모르게 뛰어넘고 바로 해답을 얻는 일종의 '아하!' 모멘텀인 것이죠.

이때 정보와 지식의 과정을 거치지 않고 데이터를 마음대로 이어 자의적으로 해석하면 앞의 그림과 같은 유니콘 모양의 음모론이 탄생할 수도 있습니다. 재미있지 않나요?

틀리지도 못하는 삶에서 벗어나자

———

데이터에서 정보, 지식, 지혜, 직관, 통찰까지의 과정을 통해 우리는 경험하지 않고도 세상의 문제를 해결할 수 있는 능력을 얻었습니다. 경험의 중요성이 달라지는 것을 다르게 표현하면 실패의 가치가 달라진다고 말할 수 있습니다.

지식은 옳고 그름이 있는 개념입니다. 기존에 정해진 기준에 따라 판단하기 때문에 명확한 이해의 방식입니다. 그런데 지혜부터는 옳고 그름, 좋고 나쁨의 영역을 넘어섭니다. 그렇기 때문에 실패의 역할도 바뀌게 됩니다. 지식의 단계에서는 실패의 가치가 적지만, 지혜의 단계부터는 커집니다. 지식의 단계에서 우리는 문제 해결 과정에서 실수를 줄이는 방법을 찾는 경향이 있습니다. 그래서 학생 때 시험 만점을 위해 노력하는 것입니다. 하지만 지혜의 단계에서는 실수를 하지 않으려는 지나친 노력이 직관의 단계로 넘어가는 것을 방해합니다.

실수는 무엇을 고쳐야 할지를 알려준다는 측면에서 발전의 열쇠입니다. 그렇기 때문에 실수를 감춰서는 안 됩니다. 실수를 인정하고 자신의 실수를 최고의 교보재로 생각해야 합니다. 이러한 담금질은 새로운 영역으로 점프할 수 있는 단단한 바탕을 만들어 줍니다. 모래가 아니라 반석을 만들기 위해서는 자신을 스스로 돌아볼 수 있는 여러 가지의 특별한 성공과 실패의 경험들이 필요한 것입니다. 실수를 인정하고 그로부터 얻는 발전은 지식에서 지혜, 직관으로 갈 수 있는 통로가 되어줍니다. 직관에 의해 영역의 확장이 가능해지면 최종적으로 우리는 '통찰洞察'을 얻게 됩니다.

앞서 말했듯이 통찰은 입체적이고 다층적입니다. 그래서 2차원의 방식으로는 표현할 수 없습니다. 직관을 통해서 얻는 것은 영역의 확장과 새로운 차원의 도달이라는 두 가지 경우가 있습니다. 그렇기 때문에 한 가지 차원의 관점을 가진 사람에게 여러 가지 관점을 가진 사람의 생각과 움직임은 이해도 되지 않고, 이상하게만 비취집니다. 불교에서 선문답이라는 활동은 이러한 구조를 적용했다고 생각합니다. 통찰의 다음에는 무엇이 있을까요? 저도 궁금합니다. 크리스토퍼 놀란 감독은 영화 「인터스텔라Interstellar」에서 시공간을 넘어선 5차원의 세계를 사랑으로 설명했는데, 이는 저도 계속 고민해보는 주제입니다.

물리학자 볼프강 파울리Wolfgang Pauli는 사람들의 연구 결과에 경멸을 표현할 때 '틀리지도 못했다'라고 말했습니다. 실수와 실패가 두려워서 쓸데없는 내용을 늘어놓는 행동에 대한 비판이었죠. 그래도 이런 경우는 시작도 하지 못하는 경우보다는 나을 수 있습니다.

실패가 두렵더라도 일단 시작하십시오. 분명히 두렵고, 피하고 싶고, 이전으로 돌아가고 싶은 마음이 수도 없이 찾아올 것입니다. 삶은 그 불안을 이겨내는 과정입니다.

물론 안 하고 싶거나 나중에 하고 싶다면 일단 책을 접고 맘 편히 쉬십시오. 저는 이 세상에서 반드시 꼭 해야 하는 일은 없다고 생각합니다. 사람마다, 상황마다, 때에 따라 다릅니다. 나중에 다시 충전된 상태가 되면 이 책이 당신을 다시 부를 수 있습니다. 그때 다시 뵙도록 하겠습니다.

진리에 다가가는 과정은 재미있기보다 너무도 어려운 일입니다. 하지만 이전보다 사고가 확장된 상태가 되면 과거에 재미없던 많은 것들이 너무도 즐거운 일들로 변화될 것입니다.

지혜로운 사람은 '내가 모른다'는 사실을 늘 인지한다

지식의 단계에 있는 사람들은 확실한 말과 행동의 의미가 크다고 생각하는 경향이 있지만, 지식으로 가는 가장 큰 장애물은 무지가 아니라 지식에 대한 착각이라고 역사학자 대니얼 부어스틴Daniel Boorstin이 이야기했습니다. '내가 알고 있는 지식이 진리가 아니다, 확실한 것은 없다'는 것을 늘 인지해야 합니다. 통찰력이 있는 사람들은 대부분의 사람들이 거의 이해할 수 없는 연관성을 감지感知하고, 불규칙성에서 추세와 패턴을 발견합니다. 감지라는 것은 이성과 감성이 함께 작동하는 상태를 말합니다. 그래서 이성이나 감성, 한 측면의 이해와 경험만 가지고 있는 사람들은 지혜롭기 어렵습니다.

유럽의 신대륙 확장 시점에 흥미로운 사례가 있습니다. 당시 유럽이 새로운 세계라고 찾아간 남미에도 이미 문명은 존재하고 있었습니다. 초기에 소수의 서양인이 아메리카 대륙에 도착했을 때

복잡계의 탄생과 지금, 복잡계를 이해하는 법

는 조심스럽게 기존 문명과 우호적인 관계를 유지하려 노력했습니다. 하지만 시간이 지나면서 중상주의, 과학 기술, 전염병, 무지막지한 인간의 욕망 등이 결합하자 서양 문명은 기존의 문명을 파멸시켰습니다.

　이 과정에서 특이한 점이 하나 있었습니다. 인류학자들과 고고학자들은 당시 원주민 측의 자료를 수집하던 중 당시의 상황을 해석하는 과정에서 이상한 점을 하나 발견합니다. 현지인들의 자료에 어떻게 서양인들이 자신들의 땅에 올 수 있었는지에 대해 정리한 내용은 없고, '어떻게 그들이 여기에 올 수 있었는가?'라는 의문을 표하는 자료들만 발견되었습니다. 이유는 나중에 밝혀졌는데, 원주민들의 사고 범위에 바다를 항해하는 배는 고작해야 3미터 정도의 크기였던 것입니다. 서양인들이 타고 온 엄청나게 큰 배들이 바로 눈앞에 다가와도 그 배는 그들의 상식의 범위를 넘어서는 크기였기에 원주민들의 시야에는 보이지 않았다는 것입니다.

인간이 본다는 것은 이런 것입니다. 자신이 기존에 가지고 있던 관념으로 세상을 볼 뿐, 그것을 넘어서는 것은 코앞에 있다고 하더라도 보거나 믿지 못합니다. 성경에서 예수님의 부활에 대한 이야기는 인간의 이러한 모습을 대표적으로 표현합니다. 예수님이 부활이라는 현상을 믿지 못하는 도마에게 손가락을 자신의 옆구리 상처에 넣어보라고 이야기하는 장면에서처럼 말이죠.

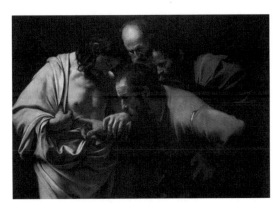

◀ 상처에 제자의 손가락을 넣어보게 하는 예수의 모습. 「의심하는 도마(The Incredulity of Saint Thomas)」(카라바지오. 1603. 독일 포츠담 신궁전 소장)

기존의 세계관을 넘어서는 일은 참으로 어렵습니다. 그런 상황에서 증거와 사례는 큰 도움이 됩니다. 기존의 세계관에서는 증거와 사례를 재료로 해서 경험이라는 변환 과정이 발생하게 됩니다. 그리고 이러한 변화를 통해 기존의 세계관과 새로운 세계관은 만

남을 가지게 됩니다.

저는 투자를 할 때 복잡계 구조를 반영하는 생태학적 접근을 많이 사용합니다. 저도 과거에는 경제학이 제공하는 수단으로 세상을 해석했습니다. 하지만 서브프라임 사태를 겪으면서 자본주의의 파괴적 성향에 힘겨워했고, 그 범위를 넘어서게 해준 것은 또 다른 경제학이 아니라 생명을 다루는 생태학이었습니다. 이제는 다른 존재에 해를 가하거나 냉소적으로 자신의 영역 확장을 추구하는 방식이 아닌 타인과 다른 존재와의 공존과 확장을 추구하는 관점으로 세상을 바라보고 있습니다.

아직 저 외에 이러한 방식의 사고 구조를 유의미한 범위에서 적용하는 투자자를 국내에서는 만나보지 못했습니다. 타이거자산운용의 여러 구성원들과 함께 만들어가는 이 성과가 여러분에게 좋은 사례가 되었으면 하는 마음입니다.

생각은 우리의 몸도 바꾼다

생물학적으로 인간은 3개의 파장만을 볼 수 있어서 17개까지 볼 수 있는 도마뱀에 비해 극도로 좁은 범위의 시야를 가지고 있는데, 그마저도 뇌의 사고 과정에 의해서 해석된(조작된) 것을 보는 것이지 실제를 그대로 보는 것이 아닙니다. 저는 이런 구조 때문에 안과와 정신과가 함께 일하면 환자에게 더 좋은 결과를 가져오지 않을까 하는 생각을 해본 적이 있습니다.

앞에서 말한 것처럼 눈은 뇌를 통한 사고 과정으로 연결되어 있기 때문에 서로 연관성이 큽니다. 그래서 눈의 기능과 건강이 인간의 생각과 정신에 줄 수 있는 이점이 있지 않을까 싶습니다. 통섭通涉적으로 말이죠. 물론 과학적 근거는 미약한 개인적인 생각입니다. 그런데 이러한 원리가 작동하는 실험이 있었습니다. 어느 한 실험에서 사람들에게 비행기 조종사 시뮬레이션을 경험하게 한 후 시력 검사를 하자, 그렇지 않은 일반 대조군 대비 시력 검사 결과가 개선되는 것이 확인되었습니다. 이는 시뮬레이션 과정에서 조종사 역할을 한 실험 참여자들이 '조종사는 시력이 좋다'는 일반적인 생각을 자연스럽게 스스로에게 반영해 기존에는 보지 못할 거라고 생각하던 범위를 넓혀 검사에 임했기 때문입니다. 이처럼 생각은 우리의 몸이 할 수 있는 일을 바꿉니다.

지혜와 통찰의 단계에 도달하는 사람들은 소수입니다. 그러니 그런 사람들을 만나게 되면 소중히 대하십시오. 물론 그러한 단계에 들어섰다고 해서 언제나 옳을 수는 없습니다. 복잡계 구조에서 세상은 확률적 구조를 가지기 때문에 그저 옳을 확률이 높아졌

복잡계의 탄생과 지금, 복잡계를 이해하는 법

을 뿐입니다. 개방적이고 의심 많은 사고를 가지고 이들을 만나십시오. 이례적인 것을 피하지 마십시오. 진정으로 삶을 곤경에 빠뜨리는 것은 몰랐던 것이 아닙니다. 잘못된 확신을 가지고 있는 것입니다.

1부에서 단순계 사고 구조의 사람이 인도 사상을 접하면 메스꺼움을 느낄 정도라고 말씀드렸습니다. 저는 인도 사상에 어느 정도 친숙해져서 괜찮지만, 수학은 여전히 메스꺼움을 느낍니다. 익숙한 느낌이 너무도 들지 않습니다. 그래도 저는 수학의 개념과 가정을 이해하고 배우려고 합니다. 언제 좀 편안해질지는 모르겠습니다. 하긴, 직관이란 예측 가능하지 않고 예기치 못하게 갑자기 찾아오는 것이고, 통찰은 너무도 희한한 현상이라서 친숙하다는 개념과는 어울리지 않네요. 늘 어렵고 에너지가 많이 들어가는 삶의 방식이기 때문에 이 길로 들어서는 사람은 많지 않습니다.

인간은 불확실한 정보를 가지고도 결론을 내릴 수 있다

지적 능력과 관련해서 놀라운 발전을 보이고 있는 인공지능AI이 인간의 지적 능력을 뛰어넘는 사례가 많아지고 있습니다(물론 바둑에서 인간이 기계에 패했지만, 이로 인해 바둑을 찾는 사람들이 더 많아져서 기원을 운영하시는 분들에게는 큰 문제가 없어 보입니다). 컴퓨터의 처리 과정은 많은 것들을 빠른 속도로 다루기에 인간의 사고 구조가 열위에 있는 부분이 있지만, 반대로 기계가 따라올 수 없는 부분도 있습니다.

컴퓨터의 처리 방식은 전제들로부터 결론을 추론하는 연역적인 방식이고, 인간은 기본적으로 패턴 인식에 의해 추론을 활용하는 귀납법으로 정보를 처리합니다. 이것은 인간이 불확실한 정보로도 결론을 내는 능력을 가지고 있다는 것을 의미합니다. 기계는 이 부분에서 멈추게 됩니다. 그러니 기계의 우위가 확인된 지식의 단계에 머무는 것은 이제 우리 인간에게 큰 위험입니다. 지혜와 직관의 단계로 넘어오지 않은 상태에서 인간의 역할은 기계에 의해서 대체될 수밖에 없습니다. 기계는 불명확한 정보를 사용해서 결론에 도달하지 못합니다. 반면에 우리의 뇌는 불확실성의 체계를 다루는 구조입니다. 바로 여기부터가 확장된 세계에서 인간의 영역입니다. 양자컴퓨터가 현실화되면 또 새로운 변화가 발생하겠죠. 그 문제는 그때 가서 고민해 보겠습니다.

양자컴퓨터에 대해 짧게 설명드리면, 기존의 컴퓨터는 계산의 결과로 정확한 답을 보여주는 처리 방식을 가지고 있습니다. 이와 다르게 양자컴퓨터는 계산의 결과로 가장 높은 확률값을 보여줍니

복잡계의 탄생과 지금, 복잡계를 이해하는 법

다. 기존의 컴퓨터는 이진법을 사용하여 순차적으로 계산해서 정확한 답을 찾아냅니다. 컴퓨터에 불빛이 반짝반짝 움직이는 것이 이 계산의 과정을 표현하는 것이죠. 양자컴퓨터는 그와 다르게 전체의 식을 한 번에 확률적으로 계산합니다. 불확실한 요소를 다룰 수 있는 0과 1의 공존값이 추가로 있기 때문입니다. 이 단계에 다다른다면 컴퓨터는 과거보다 더 인간처럼 사고하게 될 것입니다.

1 + 1 = ?	
이진법으로 단계별 계산 시	0&1&Ø(0과 1의 공존값)으로 한번에 계산 시
• 1이라는 정보를 이진법으로(01) 반영 • 덧셈(+)이라는 명령을 반영 • 1이라는 정보를 이진법으로(01) 반영 • 결과값(=)이라는 명령을 반영	• '1+1=' 이라는 수식을 한꺼번에 확률로 계산 • 확률의 분포를 나열 (예. 3(0.00012%) 2(99.999%) 1(0.000015%>1) 중 가장 높은 확률값을 보여줌
답 = 2(이진수: 10)	

▲ 기존 컴퓨터와 양자컴퓨터의 작동 원리 차이

복잡계 3의 법칙

단순계 구조에서는 지식의 단계에서도 문제에 대한 해결책을 얻을 수 있습니다. 종합적이기보다는 부분적인 문제들이 대부분이기 때문에 지식의 범위에서 어느 정도의 해결책을 찾을 수 있었던 거죠. 하지만 복잡계 구조에서는 요인들 상호 간의 연결성이 증가하고 되먹임효과(악재가 더욱 가속화되어 악순환을 일으키는 현상)와 같은 다양한 영향들이 존재하기 때문에 지식의 영역을 넘어 지혜와 통찰의 수준으로 가야만 문제가 해결됩니다.

종합적 성격을 가지는 지혜를 만들기 위해서는 여러 분야의 지식들이 필요합니다. 이때 두 가지 이상의 요소가 있어야 연결이 발생하기 시작합니다. 그리고 개수가 늘어나면 늘어날수록 연결의 수는 기하급수적으로 증가합니다. 그래서 수학에서 숫자 3을 변화의 수라 부릅니다. 어떤 하나(1)가 있을 때는 비교라는 활동이 불가능합니다. 하지만 다른 하나(2)가 존재하게 되면 이제 서로를 바라봤을 때 자신의 존재도 알게 되고 다른 하나와의 비교도 시작하게 됩니다. 그러나 두 가지가 따로따로 존재한다면 서로에게 영향을 주거나 변화하는 것은 불가능합니다. 서로 연결(3)되어야 그때부터 변화가 시작됩니다. 그래서 '3'을 변화의 수라고 합니다. 그때부터 복잡계의 구조가 시작되는 것입니다.

복잡계에서 문제를 해결하기 위한 방법은 우리의 지적 능력을 복잡계 구조로 만드는 것입니다. 말 그대로 눈(단순계)에는 눈(단순한 전략), 이(복잡계)에는 이(복잡한 전략) 전략입니다.

단순계의 경제 구조와
투자 방식

2에서 3, 다시 2로 돌아온 계층 구조

단순계의 경제 구조는 기본적으로 사이클이 지배하는 세상으로 규모의 경제가 작동하는 세상입니다. 이러한 시선으로 산업 사회의 경제적 특성을 보기 전에, 잠시 사회적인 계층 요인을 먼저 살펴보겠습니다. 경제적, 기술적 구조 변화는 사회적 이슈인 계층 구조와도 면밀하게 영향을 주고받기 때문입니다.

과거 봉건 사회에서는 소수의 귀족과 대다수의 피지배 계층이라는 두 개의 계층 구조를 가지고 있었습니다. 그리고 상류층은 하류층을 수단으로만 여겼지 함께 살아가는 파트너라는 개념은 거의 갖지 않았습니다. 방금 설명한 3의 원칙에 따르면 1(상류층)과 2(하류층)는 있는데 3(연결)은 없었던 것입니다. 단순계 구조입니다.

이후 증기기관의 발명으로 공장을 중심으로 한 대량 생산 시스템이 탄생하며 노동자의 필요성이 증가했습니다. 이제 공장 노동자라는 새로운 '중산층'이 형성되어 세 개의 계층 구조를 가진 사회로 변화했습니다. 상류층·중산층·하류층이라는 세 개의 계층으로 구조도 확장되었고, 과거에 비해 계층 간에 상호 영향을 주는 연결된 이해관계도 커졌습니다. 하지만 여전히 계층 간의 연결은 희박했습니다. 이타적이기도 하지만 이기적인 인간은 타인과 세상을 바라보는 새로운 방식의 시각에 있어서 자신의 유리함을 내려놓으면서 빨리 적응하지는 못합니다. 시간이 흐르면서 민주주의와 시민 의식의 고양으로 연결이 어느 정도 강화되긴 했지만 아직도 개선이 필요한 부분은 많아 보입니다. 계층 구조가 2계층에서 3계층로 늘어난 것은 기존보다 계층이 복잡한 구조로 변화한 것을 의미합니다.

그런데 최근에 다시 중산층이 몰락하고 있습니다. 정보화 사회가 고도화되면서 산업 사회에서 필요한 가치를 제공하던 중산층이 몰락하기 시작한 것입니다. 이제 세상은 정보화 사회에 적합한 지

복잡계의 탄생과 지금, 복잡계를 이해하는 법

식을 가진 상류층과 그렇지 못한 하류층, 두 단계로 계층화되고 있습니다. 하지만 정보화 사회의 2계층 구조는 산업 사회 이전의 2계층 구조와는 매우 다릅니다. 산업 사회까지는 노동력이 생산에 중요한 요소였습니다. 하지만 후기 산업 사회라고 할 수 있는 정보화 사회 이후는 노동력의 중요성이 자본과 기술의 중요성으로 이전되고 있습니다. 그렇다면 소수의 상류층 이외의 대다수의 하류층은 그 사회적 필요성이 줄었다고 단순하게 말할 수 있을까요?

세상은 한 바퀴로만 돌아가지 않습니다. 생산은 소비가 있기에 존재하고, 소비는 생산이 있기에 가능합니다. 음이 있기에 양이 있고, 양이 있기에 음이 있듯이 정보화 사회의 특성은 연결의 강화입니다. 계층 구조는 단순해졌지만 개별적인 연결의 중요성이 과거와 비교할 수 없게 커졌습니다.

산업 사회에서는 세계적인 부자의 재산 순위가 언론의 가장 중요한 비교 대상이었습니다. 이 부분도 여전히 중요하게 다루지만, 지금은 SNS 팔로워 숫자와 유튜브 조회 숫자도 가치를 표현하는 지표가 되었습니다. 그룹의 개수는 감소했지만 개별 연결이 증가한 사회가 된 것입니다.

개별 연결을 증가시키기 위해서는 당연히 숫자가 많은 계층의 활동이 필요합니다. 이러한 활동을 흔히 프로슈머Prosumer라고 합니다. 생산자와 소비자의 역할을 동시에 하는 사람을 나타내는 말이죠.

산업 사회에서는 개인이 공장에서 일하다가 일을 그만두고 집에만 있다면, 이는 사회에 생산 감소라는 비용의 증가를 가져왔습니다. 생산자에서 소비자(컨슈머)가 된 것이죠. 정보화 사회에서는 어떻습니까? 일을 그만두고 집에서 생활하게 되면 추가로 생긴 시간에 훨씬 많은 콘텐츠를 소비하고, SNS 활동을 하게 됩니다. 그러면 정보화 사회의 기준에서는 데이터를 생산하는 활동량이 증가한 것입니다. 생산자가 프로슈머가 된 것입니다.

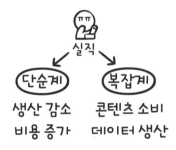

▲ 단순계와 복잡계 관점에서의 생산자 활동 변화

참고로 인류의 역사 전체로 보면 세 개로 구성된 계층은 일반적인 것이 아니라 매우 특이한 구조입니다. 인류의 계층 구조는 산업 사회를 제외하고는 대부분 두 개의 계층 구조로 구성되어 왔습니

복잡계의 탄생과 지금, 복잡계를 이해하는 법

다. 우리에게 산업 사회가 익숙하다는 이유 때문에 중산층이 당연히 존재하고, 중요하다고 생각하는 것은 매우 특수한 사례의 일반화일 수 있습니다. 중산층 정책이 중요하다는 것은 선거 기간의 주요 이슈가 됩니다. 하지만 이러한 주장은 사회의 모습을 과거의 산업 사회로 규정하고 바라보는 생각입니다. 지금은 후기 산업 사회에서 정보화 사회로 매우 급격하게 진입하는 구간입니다. 이러한 근원적인 구조 변화를 이해하고, 그 변화가 발생시킨 계층 구조를 적절하게 반영해야 합니다.

계층 구조는 세 단계에서 두 단계로 줄어들고 있지만 각각의 구성원들은 개별적으로 훨씬 더 연결된 세상에서 살아가고 있고, 더 이상 소비만 하는 소비자가 아니라 소비, 데이터, 정보를 생산하는 활동을 함께하는 구성원들로 사회가 구성되어 있다는 점을 여러 가지 제도가 반영해야 합니다. 구조의 변화를 제대로 이해하고 이기심을 넘어서 전체를 고려하는 사회적·정치적·경제적 제도가 생겨나길 기대해 봅니다. 주제에서 좀 많이 벗어난 느낌도 있지만 계층이라는 사회적인 요인은 중요하기도 하고, 세상을 보는 다양성을 높이는 방법이기에 잠시 언급했습니다. 우리가 다루고자 하는 경제 분야로 다시 돌아가서 먼저 단순계 경제 구조에 대한 이해를 살펴보겠습니다.

구조에 대한 해석은 시대에 따라 달라진다

―――

경제학은 영국의 경제학자 애덤 스미스Adam Smith가 1776년에 발표한 『국부론』을 바탕으로 합니다. 이 책은 경제 체제가 자유로운 상태에 놓여 있으면 스스로 통제할 수 있다고 말합니다. 바로 그 유명한 '보이지 않는 손' 이론입니다.

단순계의 시각으로 경제를 바라본 국부론에서 '보이지 않는 손'은 복잡계의 시각으로 봤을 때 시장의 자율조절능력을 뜻합니다. 일각에서는 "단순계의 시각으로 정의해도 '보이지 않는 손'은 자율조절능력이 아닌가요?"라고 질문하기도 합니다. 그런데 애덤 스미스가 『국부론』을 발표했을 당시의 시대상을 살펴보면 '보이지 않는 손' 이론은 기독교적 세계관을 반영한 것입니다. 모든 것을 최종적으로 신의 의지에 따른 일로 생각하는 일신교의 세계관을 반영한 용어입니다. 이는 신의 의도를 반영하면 모든 것이 예측 가능하다는 단순계 개념입니다. 자율조절능력은 복잡계에서 신의 의지가 아닌 '자기조직화'로 정의됩니다. 많은 수가 참여하는 현상은 의도하지 않았던 방식으로 자기조직화 됩니다. 그렇기에 복잡계에서 자율조절능력은 예측 가능성이 명확한 개념이 아닙니다.

'보이지 않는 손'은 최초에 신학을 바탕으로 설정한 경제 개념이 시간이 흐르면서 사회학과 과학의 영향을 받아 애초의 의도와 다르게 해석된 사례입니다. 지속적으로 반복해서 말씀드립니다만 다양하고 근원적인 이해를 쌓고 연결해야 세상이 제대로 보입니다. 당시 시대 정신에 따라 애덤 스미스는 모든 일들이 신의 의도에 따라 정해진다는 단순계 방식의 개념으로 '보이지 않는 손'을 설명했습니다. '보이지 않는 손'이 시장의 자율조절능력으로 해석되는 것은 후대 학자들의 시각이 반영된 설명입니다.

단순계의 기초가 되는 사이클 이론

어느 것이든 탄생이 있으면 소멸이 있는 법입니다. 시간으로 따지면 초기, 중기, 말기 등으로 나눌 수 있겠죠. 사이클은 이렇게 시간이 흐름에 따라 보여지는 일련의 과정을 일컫는 말입니다. 경제라는 측면에서 본다면 호황에서 불황 그리고 다시 호황까지 거치는 과정이라고 말할 수 있겠네요. 이러한 경제 사이클을 다른 말로 '경기순환'이라고 하며 원인 및 주기에 따라 다양한 종류로 분류할 수 있습니다.

우리에게 익숙한 경기순환이론은 1971년 노벨 경제학상을 수상한 러시아계 미국인 경제학자 사이먼 쿠즈네츠Simon Kuznetz에 의해 정립된 '쿠즈네츠 파동' 이론입니다. 이 이론이 만들어진 시점은

1920~1930년대입니다. 그는 과거를 분석하여 사이클을 만들었고, 이를 통해 현재를 해석하고 미래까지 예측하게 됩니다.

경제에서 사이클이 발생하는 근원적인 이유는 재고의 증감입니다. 재고의 증감이 수요와 공급에 영향을 주어 가격을 변화시키고 다시 가격의 변화는 수요와 공급에 영향을 줍니다. 이러한 증감은 근원적인 파동을 만들고 이 파동은 다른 요인들과 결합하여 다양한 종류의 경제 사이클을 형성합니다. 그 결과 사이클은 발생 원인의 종류와 장단기의 기간적 성격으로 구성됩니다. 원인과 결과가 명확하게 존재한다는 것은 단순계의 사고 구조이며, 사이클 이론은 원인과 결과가 존재하는 단순계 방식의 해석입니다. 이 부분은 단순계와 복잡계를 비교 설명하는 내용에서 자세하게 다루도록 하겠습니다.

사회과학은 자연법칙이 아니기에 이를 절대적인 기준처럼 적용해서는 안 됩니다. 경제학은 과학다워야 하나, 결코 자연과학으로 변해서는 안됩니다. 또한 자연과학 등 더 근원적인 범위의 학문이 바뀌면 그 부분을 새로운 기초로 기존의 학문을 재검토하거나 새롭게 만들어야 합니다. 현재 경제학은 이러한 변화를 적절하게 반영해야 하는 과제를 아직 해결하지 못하고 있습니다.

경제를 단순계로 가정하고 있는 학문적 한계를 극복하는 것이

복잡계의 탄생과 지금, 복잡계를 이해하는 법

필요합니다. 복잡계를 반영하려는 오래되거나 새로운 시도들이 다양하게 진행되고 있지만, 학문 전체가 새로운 관점을 바탕으로 새롭게 설계된다는 소식은 아직 접하지 못했습니다. 단순계로 경제를 바라보는 경기순환주기에 따른 다양한 파동 이론과 그에 대한 설명은 많은 분들이 익숙하시고, 정보도 많으니 대표적인 파동 이론만 간단하게 살펴보고 넘어가겠습니다.

분류	기간	주기	원인
콘드라티에프 파동	초장기 파동	40~60년	기술 혁신, 인구, 전쟁
쿠즈네츠 파동	장기 파동	15~25년	지역 확장
쥐글라 파동	중기 파동	7~11년	설비 투자
키친 파동	단기 파동	3~5년	금리 통화 정책, 재고 변동

▲ 대표적인 파동 이론과 특성

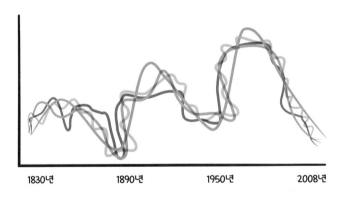

▲ 콘트라티에프(파란색), 쿠즈네츠(주황색), 쥐글라(다홍색), 키친(녹색) 파동

콘드라티에프 파동은 러시아 경제학자 니콜라이 콘드라티에프Nikolai Kondratiev에 의해 만들어졌습니다. 그는 자본주의 경제 체제를 연구하던 중 경제 환경에는 40~60년을 주기로 한 장기순환주기가 존재한다는 사실을 발견했습니다. 기술의 진보로 새로운 방식이 만들어지고 그에 따른 장기 투자 구간이 만들어진다는 것입니다. 새롭게 만들어진 선구자의 행보는 모방자들에게 이어지면서 혁신의 크기를 키우게 됩니다. 이러한 모방이 쿠즈네츠 파동을 만듭니다.

쿠즈네츠 파동은 15~20년을 주기로 한 순환입니다. 이 파동은 새로운 기술이 효용성을 인정받으면 주변으로 확산되는 현상을 반영합니다. 예를 들어 1814년, 철도의 아버지로 불리는 조지 스티븐슨은 증기기관차를 만드는 데 성공했고 이후 상업용 철도망이 영국에 확산되었습니다. 이후 이 기술은 유럽 본토로 확산되었습니다. 그리고 유럽에서 일본으로, 우리나라로 기술이 전파되는 지역 확장이 파동이 만들어지는 원인이 됩니다. 일제강점기부터 20세기 내내 우리는 일본에서 넘어오는 기술에 큰 영향을 받았습니다. 지금은 그런 부분이 많이 줄어들고, 도리어 문화 콘텐츠의 경우에는 역수출을 하고 있습니다. 과거 백제가 일본에 문화를 수출하던 시절의 부활입니다.

쥐글라 파동은 우리에게 가장 익숙한 파동입니다. 쥐글라 파동은 7~11년을 주기로 움직입니다. 경제 10년 주기설은 현재에도 많이 이야기하는 주기입니다. 우리는 1999년 IT버블 붕괴, 2008년 글로벌 금융 위기, 2020년 코로나19 위기를 약 10년 단위로 겪으면서 이론적으로 생각하지 않아도 피부로 이 주기를 느끼고 있습니다.

조제프 클레망 쥐글라Joseph Clément Juglar가 이 주기를 발견한 것은 은행 대출의 숫자, 이자율 및 물가에 대한 통계 자료에서 평균 9~10년을 주기로 하는 파동을 해석한 것입니다. 그러한 움직임의 기본 이유는 고정 자산인 설비 투자의 증감입니다.

키친 파동은 약 40개월의 주기를 가집니다. 조지프 키친Joseph Kitchen은 1923년의 논문에서 1880년에서 1922년에 걸친 미·영의 어음 교환소, 도매 물가 및 이자율의 변동을 통하여 단기 파동이 있다는 것을 증명하였습니다. 근본적으로는 정보의 이동에 시차가 존재하기 때문에 의사 결정에 시간이 걸리는 현상을 해석한 것입니다(같은 해 윌리엄 레오날드 크럼도 40개월의 단기파동을 발견했지만 명칭은 키친의 이름으로 남았습니다).

사이클의 발생과 대응에 집중했던 단순계 경제 구조

———

경제학의 기본 움직임은 재고의 증감에 따른 사이클(=파동, 순환

주기)의 발생과 대응을 핵심으로 합니다. 산업혁명 이전은 인간의 노동력을 바탕으로 한 생산 체계로 생산성이 높지 않고 규모의 경제도 존재하지 않았습니다. 그렇기 때문에 사회가 필요로 하는 생산량보다 실제 생산량이 훨씬 적었고, 추가적인 노동력을 투입한다고 해도 생산량이 필요량을 따라잡을 만큼 증가하는 것은 거의 불가능했습니다. 그렇기 때문에 재화는 생산되면 곧바로 소비되었고, 재고가 남을 여지는 없었습니다.

1760년대에서 1820년 사이에 진행된 꾸준한 기술 혁신으로 영국에서는 면방직 공업, 증기기관, 제철 산업을 중심으로 분업 방식과 석탄 에너지를 활용한 새로운 제조 공정Manufacturing process이 도입되었습니다. 그리고 1830년대부터 사회가 필요로 하는 재화의 양을 생산량이 넘어서기 시작하면서 재고가 발생하는 구조로 변화되었습니다. 이제 경제는 '규모의 경제와 경기 사이클 현상'이 핵심이 되는 구조로 혁명적인 변화를 맞이하게 됩니다.

과거 사이클의 시대를 단순계라고 표현하고 있지만 이 시절에 복합적인 현상이 없었던 것은 아닙니다. 모든 현상들은 분리되어 있는 것이 아니라 연결되어 있습니다. 한 가지 요인의 중요성이 대표성을 띨 정도인지 아닌지의 차이일 뿐이죠. 사이클에 영향을 주는 것은 과학 기술의 발전이 전부가 아니었습니다.

근대 석유 산업은 1859년 미국에서 시작되었습니다. 제1차 세계대전을 거치면서 석유의 경제적, 군사적 중요성이 커졌고 이에 증기기관에서 내연기관으로 활용 방식이 발전합니다. 이러한 기술의 변화는 1900년경에 시작된 새로운 장기 사이클의 이유가 됩니다. 20세기 초까지도 에너지 공급량에서 석유가 차지하는 비중은 10% 미만이었지만 제2차 세계대전을 거치면서 석유는 에너지라는 영역의 헤게모니를 차지하게 됩니다. 석탄 중심의 사회에서 석유 관련 기술이 개발되고 있었던 것처럼, 석유 중심의 사회에서도 새로운 기술 혁신은 계속됩니다. 이번의 혁신은 에너지 차원이 아니라 정보통신 차원으로 물질적 성격에서 비물질적 성격으로 전환됩니다. 1950년경 시작된 정보통신 혁명에 따른 변화는 경제와 정치와 과학을 조합한 설명에서 더 다루겠습니다.

단순계로 판단했던 과거를 복잡계의 시선으로 재해석하다

석탄에서 석유로 사회가 변화한 것은 같은 차원의 변화입니다. 바로 에너지라는 차원입니다. 그런데 석유에서 정보통신으로의 변화는 기존에 없었던 새로운 차원이 추가되는 변화입니다. 마치 세상이 일층버스 구조였는데 갑자기 이층버스 구조가 된 것입니다.

제2차 세계대전 종전부터 60년간 진행된 장기 사이클 기간 동안 사회의 구조는 이미 다층의 복잡계 구조가 된 것입니다. 일층버스가 이층버스가 되었다고 이층에서만 변화가 발생하지는 않습니다. 일층에서도 변화가 지속적으로 존재합니다. 에너지 차원에서 제2차 세계대전 이후 에너지 패권을 차지한 석유 중심의 구조는 지난 10여 년 동안 급격한 변화를 겪고 있습니다. 이제 석유에서 전기로 에너지 형태가 변화하고 있습니다. 특히나 전기를 사용하는 방식으로 변화한 것은 기술적인 우위를 가진 방식을 사용하는 것이지만, 환경 보호라는 인류에게 매우 중요한 이슈에도 좋은 영향을 주고 있습니다.

장기 기술 사이클의 변화가 주는 영향은 매우 복합적이고 규모도 큽니다. 일단 새로운 기술은 기존의 방식을 파괴하는 창조적 파괴Creative destruction를 가져옵니다. 창조적 파괴는 조지프 슘페터Joseph Schumpeter가 1912년 발표한 『경제발전론』에서 제시한 개념입니다. 이는 기술 혁신으로 과거의 낡은 방식이 파괴되고 새로운 것을 창조하고 변혁을 일으키는 과정이 기업 활동의 원동력이라는 것을 의미합니다. 하지만 새로운 기술을 가진 소수의 사람들은 급격한 발전을 이루지만 대부분의 사람들은 그 흐름을 따라가지 못합니다. 그렇기 때문에 이러한 구간에는 빈익빈 부익부 현상이 매우 강

복잡계의 탄생과 지금, 복잡계를 이해하는 법

해집니다. 1890년대 석탄에서 석유로 전환되던 구간, 1940년대 석유에서 정보통신 기술로 확장되던 구간, 2000년대 초반 데이터 기반으로의 사회 변화 구간 모두에서 이런 현상이 발생합니다.

이러한 사회적 긴장의 누적은 과거에 두 차례의 세계대전이라는 안타까운 형태로 표출되었습니다. 제1차 세계대전에서 희생자를 가장 많이 증가시킨 기술은 기관총의 발명이었습니다. 기관총은 단숨에 전사자의 규모를 기존 전쟁들보다 몇 단계 급증시켰습니다. 제2차 세계대전에서는 화학의 발전으로 다양한 폭탄이 개발되었고, 기계 공학의 발전으로 탱크와 비행기의 성능이 개선되었으며, 급기야 물리학을 활용한 핵폭탄까지 개발되었습니다. 물론 그 과정에서 인류는 과거보다 더 도덕적인 사회를 만들었고, 지구와 우주에 대한 책임감을 생각하며 여러 가지 제도를 만들게 되었습니다. 그리고 핵무기의 존재로 인해 이제 큰 전쟁을 치르는 것은 세계 종말과 같은 개념이 되었습니다.

전쟁은 줄었지만 계층 갈등이라는 사회 문제는 지금 그 어느 때보다 긴장이 커졌습니다. 이러한 계층 문제는 기존의 방식을 뛰어넘는 혁신적인 해결 방법이 필요합니다. 현명하고 적용 가능한 해결책에 사회의 의견이 모아지길 바라고 있습니다.

또 다른 측면에서 살펴보면 인류는 발전이라는 미명하에 우리의 생명의 근거인 지구의 대기에 스스로를 질식시킬 정도의 이산화탄소$_{CO_2}$를 뿜어내며 사회와 자연을 파괴해왔습니다. 지금 당장 눈앞의 이기적이고 단기적인 이해관계에만 너무 집중했던 것입니다. 이제 그런 행동이 지속 가능하지 않다는 의식이 커졌고, 환경과 사회에 대한 좀 더 깊은 고민과 자각을 통해 개선을 향한 방향으로 움직이고 있습니다. 참으로 다행입니다.

하지만 커다란 변화는 어렵고 비용도 많이 들어갑니다. 현재 각국 주요 정부에서 진행하고 있는 경제적 차원의 유동성 증가, 사회적 차원에서 실물 경제 부분에 대한 지원 정책, 환경적 차원에서의 대응 조치, 과학적 차원에서의 기술 개발 등에는 우주적인 규모의 자금이 필요합니다.

필요성의 증가로 인하여 무언가 많이 사용했으면 다시 채우는 과정도 필요합니다. 하지만 정부의 재정은 아직 오병이어五餠二魚의 기적을 발휘할 능력이 없습니다. 급격하게 사용된 재정적 부담은 부채의 증가로 조달되거나 세금의 증가로 메꿔야 합니다. 이미 주요 국가의 부채 수준은 역사상 본 적이 없는 수준으로 증가되어 있습니다. 이러한 시점에서 세금을 증가시킬 수 있는 효율적인 방법은 매우 중요합니다. 역사를 돌이켜보면 이러한 상황에서는 지배층이 독점하던 물건들이 전체 사회에 제공되며 세금을 걷는 수단이 되었습니다. 술과 담배가 대표적인 사례입니다.

복잡계의 탄생과 지금, 복잡계를 이해하는 법

삼국지를 보면 황건적의 난으로 사회가 피폐해진 한나라 말, 정권을 잡은 동탁의 폭정으로 더욱 힘든 상황이 되자 이에 반대하는 세력들이 연합하여 대결하는 사건이 있습니다. 유비·관우·장비 삼형제도 연합군이 되기 위해 그 자리에 찾아갑니다. 남루한 이들은 환영받지 못했지만 유비가 한나라 왕족이라는 이유로 그나마 자리에 머물 수 있었습니다.

일상적인 상황은 특수한 상황에 처한 사람들에게 기회를 주지 않습니다. 하지만 위기의 순간은 기회가 됩니다. 폭풍과 번개를 몰고 다닌다는 상대 장수 화웅에게 반동탁 연합군의 장수들이 하나둘 쓰러져 갔습니다. 이제 누구도 나서기 어려운 상황에서 관우가 "내가 나가겠소"라고 말하며 나섭니다. 관우가 자신이 마궁수(말을 타고 싸우는 장수 출신)라는 것을 밝히자 사람들은 한낱 궁수가 무엇을 할 수 있겠냐며 비웃습니다. 하지만 조조는 특별함이 있는 인물입니다. 그 상황을 수습하고 관우에게 기회를 줍니다. 그러면서 술을 한 잔 따라 관우에게 건넵니다. 그러자 관우는 받은 술잔을 내려놓고 "술잔이 식기 전에 돌아오겠소!"라고 말하고 화웅의 목을 베고 돌아와 아직 식지 않은 따뜻한 술을 마십니다.

식량이 충분치 않았던 과거에 술을 만들어 사용할 수 있는 것은 지배층과 제의적인 특수한 활동을 하는 계층뿐이었습니다. 하지만 국가의 재정이 약해지던 시점마다 술은 일반 사람들이 마실 수 있는 형태로 제공되면서 세금을 걷는 최고의 수단이 되었습니다. 담배도 역시 과거에는 제사장 등 일부 상위 계층에서만 사용되는 제품이었습니다. 그러던 것이 지금은 일반 계층에까지 퍼졌고 마찬가지로 국가의 세금을 늘리기 위한 방안으로 활용되고 있습니다.

술, 담배 그다음은 무엇일까요? 2021년 들어 마리화나가 미국의 각 주에서 빠른 속도로 합법화되고 있습니다. 마리화나는 여러 가지 용도로 사용되는 식물로 과거에는 옷과 종이의 원료로 많이 사용되었습니다. 유흥용으로 활용하는 것은 불법이든 합법이든 특정 계층에 국한된 상태였습니다.

석유 패권 시대에 옷의 원료는 화학 회사들이 영역을 확장하고자 하는 대상이었습니다. 또 목재 산업을 장악한 세력은 종이의 다른 원료가 줄어드는 것이 유리했습니다. 이런 이유로 마리화나는 화학 회사에, 목재 산업에 치여 불법 유흥 용도로 활용될 수밖에 없었습니다. 석유와 목재 회사는 정치적 힘을 바탕으로 마리화나 산업을 압박했고, 이러한 움직임은 마리화나가 여러 가지 영역에서 사용되지 못하도록 부정적인 영향을 주게 됩니다.

다음 장의 표에서 볼 수 있듯이 마리화나가 건강에 주는 악영향은 실제로 그렇게 크지 않습니다(물론 산업 사회에서 마리화나가 사람들의 마음을 열어주고 기분을 띄워주는 영향을 주는 점은 경직된 노동 공간에서 노동

복잡계의 탄생과 지금, 복잡계를 이해하는 법

자에게 일을 시켜야 하는 자본가들에게 부정적으로 비췄을 수도 있을 것 같네요).

물질	금단성	강화성	내성	의존성	독성
니코틴	3	4	2	1	5
헤로인	2	2	1	2	2
코카인	4	1	4	3	3
알코올	1	3	3	4	1
카페인	5	6	5	5	6
대마초	6	5	6	6	4

▲ 1994년 미국 국립약물중독연구소 잭 헤닝필드 박사의 발표 자료. 1이 가장 높고 6이 가장 낮음

세금을 증가시켜야 한다는 점, 석유에서 전기로 에너지 패권의 이동, 물질 기반의 산업 사회에서 고도의 정보화 사회로 넘어가는 상황에서 노동을 바라보는 시선의 변화 등은 마리화나의 입지를 크게 변화시키고 있습니다. 여러 국가들의 입장이 유사한 상황이기 때문에 마리화나의 활용도는 급격한 변화의 가능성을 가지고 있습니다. 다양한 관점을 적용하여 세상을 바라보면 의외의 곳에서 큰 변화를 찾을 수 있습니다.

세상의 변화는 언제나 겹치는 구간이 있기에 단순계와 복잡계가 겹치는 부분과 조금 더 다양한 관점을 잠시 다루었습니다. 다시 단순계 구조의 적용 방식을 살펴보도록 하겠습니다.

경제를 4개의 국면으로 해석하는 단순계의 방식

———

경기 사이클 시대를 해석하는 데 핵심이 되는 변수들은 재고와 금리입니다. 단순계에서는 재고의 증감에 따라 발생한 사이클로 경기의 확장과 후퇴가 발생합니다. 그리고 그렇게 발생한 경기 순환의 시점마다 적절한 대응 방식이 정해져 있습니다.

경기는 회복기에서 활황기로 호황 국면을 지나고, 그것이 한계에 달하면 후퇴기에 들어서며 결국 침체기를 맞는 4개의 국면을 갖습니다. 정부의 정책도 그 국면의 상황을 파악하면서 단계별로 정해진 금리와 재정 정책을 실행합니다. 예를 들어 경기가 침체되면 활력을 불어넣기 위해서 금리를 낮춥니다. 금리를 낮추면 돈을 빌리는 것이 쉬워지고 비용이 감소하기 때문에 이전보다 도전할 수 있는 일의 종류와 범위가 늘어나는 것이죠.

반대로 경기가 호황이 되면 경제 주체들이 지나치게 위험을 감수하며 무차별적으로 경제 활동을 늘려가는 것을 줄이기 위해 금리를 올려 돈을 빌리기 어렵게 만듭니다. 이처럼 단순계는 경제 정책과 그 정책 효과 간에 인과관계와 상관관계가 명확해서 예측이 가능한 구조입니다.

이때 정부의 정책은 주로 단기 금리를 대상으로 실행됩니다. 그러면 단기 금리와 다른 시장 원리를 가지고 있는 장기 금리를 예로 보겠습니다. 경기가 좋아지는 것은 성장의 기회가 많아지는 것을 의미합니다. 성장률이 높아지면 기존보다 높은 비용을 들여서 사업을 진행했을 때 성공할 확률이 높아집니다. 그렇기 때문에 더 높은 금리(기회비용을 추가로 지불)로 돈을 빌려도 사업을 하고자 하는 사람들이 증가합니다. 이러한 활동의 증가는 성장률만 높이는 것이 아니라 물가도 높이는 결과를 가져옵니다. 사업을 하기 위한 재료들을 좀 더 비싸게 사는 것도 감수하는 사람들이 늘어나기 때문입니다.

반대로 상황이 어려워지면서 불황의 그림자가 드리우면 과거보다 낮은 금리에도 사업성을 보장하기 어려워지기 때문에 현재보다 조금 더 낮은 금리로 돈을 빌려준다고 해도 자금의 수요는 감소합니다. 비용을 쓸 때도 허리띠를 졸라매게 됩니다. 이에 제품의 수요가 줄어들며 물가는 하락하고 장기 금리도 하락하게 됩니다.

경제에서 대표적인 인과관계는 경제성장률과 주식시장입니다. 경제가 성장하면 주식시장은 호황을 보입니다. 그러한 환경에 영향을 받기도 하고 대응도 하면서 기업들의 실적이 움직입니다. 이러한 구조에서 주가에 가장 크게 영향을 주는 변수는 경기순환을 따라서 상승하고 하락하는 기업의 실적입니다. 이때 유동성은 정

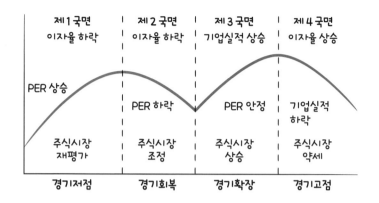

제1국면 이자율 하락	제2국면 이자율 하락	제3국면 기업실적 상승	제4국면 이자율 상승
PER 상승	PER 하락	PER 안정	기업실적 하락
주식시장 재평가	주식시장 조정	주식시장 상승	주식시장 약세
경기저점	경기회복	경기확장	경기고점

▲ 주식시장 사이클의 4국면

부가 경기의 과열과 불황을 관리하는 수단일 뿐이고, 새로운 변화로 사회가 크게 움직이는 면이 적었기 때문에 기존의 방식을 뛰어넘는 놀라운 일이 벌어질 때 영향력이 커지는 센티멘트(정서, 감정)의 중요성은 부각되지 않았습니다.

하지만 지금 주식시장에는 이러한 해석이 먹히지 않는 일들이 벌어지고 있습니다. 기업의 실적에 상관없이 주가가 요동치고, 경제적 요인이 아닌 이유로 주가가 급상승하기도 하죠. 이제 우리는 새로운 논리에 따라 경제와 주식시장을 바라봐야 합니다.

복잡계의 탄생과 지금, 복잡계를 이해하는 법

복잡계의
탄생과 지금

복잡계는 선택이 아닌 필수가 되었다

———

2008년, 경제와 투자의 세상에 커다란 지각 변동이 있었습니다. 이후부터 기존의 상식은 더 이상 작동하지 않게 되었고, 새로운 방식의 생각 구조가 필요해졌습니다. 2008년에 어떤 사건이 있었는지 혹시 기억하시나요? 바로 서브프라임 사태로 시작된 글로벌 경제 위기입니다. 당시 미국은 경기를 부흥시키기 위해 초저금리 정책과 급격한 유동성 증가 정책을 동시에 펼쳤고, 이에 부동산 가격은 빠르게 상승했습니다. 이때 모기지 회사는 대출 규제를 낮춰 신용도가 낮은 사람들에게도 부동산 대출을 제공했는데 이것이 바로 서브프라임 모기지론입니다. 하지만 이후 부동산 버블이 꺼지고, 금리가 상승하자 대출자들은 원리금을 갚지 못했고 이는 모기지 회사의 파산으로 이어졌습니다. 바로 글로벌 경제 위기의 시작이었죠. 미국 주식은 곤두박질쳤고 이는 우리나라 주식시장에도 큰 여파를 미쳤습니다.

당시 저는 이 사태를 보면서 금융 기관에 종사한다는 사실이 부끄러웠습니다. 결국 금융권이 하고 있는 행동이 사람들이 살고 있는 집을 빼앗는 일이 되었다는 사실에 어처구니가 없었죠. 그전까지 호시절을 누리던 금융권은 글로벌 경제 위기를 통해 이러한 위기에 대처 능력이 없다는 것을 여실히 보여줬습니다. 결국 글로벌 경제 위기는 지금까지 세상을 바라보던 시각을 바꾸게 한 엄청난 사건이었습니다. 기존의 경제 논리로는 해석할 수 없었던 요소들이 모여 연쇄적인 경제 위기를 불러일으켰죠. 단순계로 바라보던 시각을 복잡계로 이동시키는 분수령이 된 사건이었습니다.

사실 세상은 단순계로 바라보면 단순계로 보이고, 복잡계로 바라보면 복잡계로 보입니다. 인간은 현상을 이해하는 방식으로 세상을 봅니다. 문제는 그 시각이 적절히 작동하고 살아가는 데 문제가 있냐 없냐의 차이일 뿐입니다. 저의 시각에서 이 세상은 빅뱅으로 만들어진 시점부터 지금까지 복잡계가 아니었던 적이 없었습니

복잡계의 탄생과 지금, 복잡계를 이해하는 법

다. 하지만 저도 복잡계 생각 구조를 만들기 전까지는 세상을 단순계로 보았습니다. 그런데 2008년 이후로는 복잡계로 세상을 바라보고 살아가고 있고, 현재의 관점으로 보면 2008년 이전도 복잡계로 대응해서 생각해볼 수 있습니다. 왜냐하면 복잡계적 사고는 단순계적 사고를 포함한 개념이기 때문입니다. 때문에 우리는 필요한 시점, 필요한 구간에서 복잡계를 자유롭게 활용할 수 있습니다.

이와 다르게 단순계적 사고 구조에는 복잡계적 사고 구조가 없습니다. 단순계가 더 작은 범위의 사고 구조이기 때문이죠. 하지만 2008년 이전에는 단순계 방식으로 살아가는 데 큰 문제가 없었는데, 이후부터는 단순계로는 이해되지 않는 현상이 계속 늘어나고 있습니다. 왜 이렇게 되고 있는 걸까요? 먼저 2008년 이전과 이후 변화된 세상을 구성하는 요소를 살펴보겠습니다.

경제와 투자 세상이 과학, 정치, 경제 세 가지 요소로 구성되어 있다고 가정해보겠습니다. 오른쪽 그림을 보시면 2008년 이전에는 경제와 투자 세상에서 경제의 비중이 가장 컸습니다. 이때 경제 논리를 가지고 있던 사람은 세상을 살아가기 어렵지 않았죠. 반면 과학 논리를 가지고 있는 사람은 편하게 살지 못했습니다. 자신이 옳다고 생각하는 것을 사회가 충분히 받아주지 않고 모든 상황이 경제의 시각으로만 해석되었기 때문이죠.

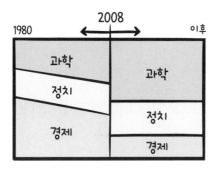

▲ 2008년을 기점으로 경제의 영역이 작아지고 있는데
경제 논리로만 세상을 이해하려니 문제가 발생합니다.

세상은 항상 복잡계였는데 2008년 이전은 경제가 우위에 있어서 경제 논리만 가지고 있는 단순계 구조의 생각으로도 별문제 없이 살아갈 수 있었던 특별한 구간이었습니다. 하지만 2008년 이후 경제의 비중이 작아지고, 과학과 정치의 비중이 커졌습니다. 그런데 이런 상황의 변화를 모르고 예전처럼 경제 논리만 가지고 세상을 이해하려니 어려움을 겪게 되는 것입니다.

최근에 과학의 비중이 높아지면서 과학 논리만 가지고 있는 사람이 정치와 경제를 무시하며 의사결정을 내리는 모습도 종종 나타납니다. 하지만 이것도 잘못된 생각입니다. 과학 논리만 가지고 있는 사람 역시 단순계로 사고하는 것입니다. 많은 사람들이 이해하기 어려운 핵심 지식을 가지고 있지만, 세상을 단순계로 본다는 점에서는 매우 위험한 상태에 있는 것으로 보입니다. 최근 이러한 사례는 비트코인에 대한 열광과 실망에서 명확하게 나타났습니다.

비트코인으로 읽는 과학, 정치, 경제의 논리 전쟁

비트코인은 처음에 과학의 영역에서 분산 시스템의 필요성과 정보과학의 기술력을 바탕으로 만들어졌습니다. 처음 비트코인이 탄생했을 때 경제와 정치의 영역에서는 이러한 현상에 거의 관심이 없었습니다. 오직 과학의 영역에서만 화폐의 새로운 원리 혹은 블록체인 기술의 성장 차원에서 필요성을 느끼고 비트코인을 개발했습니다. 이때 비트코인의 세상에서 과학은 높은 비중을 차지합니다.

시간이 흐르자 경제의 영역에서도 이러한 현상에 동의하는 사람들이 늘어났습니다. 그리고 경제와 과학의 관점을 가진 사람들이 비트코인 거래를 시작했고, 큰 변동성을 경험하면서 투자에 참여하는 사람들의 범위가 지속적으로 늘어났습니다. 그리고 결국 비주류였던 암호화폐 시장을 제도권까지 이동시키는 변화를 만들어냈습니다. 그리고 과학과 경제의 비중이 비슷해졌을 때 비트코인 가격은 급상승을 보입니다.

이때까지는 이러한 움직임이 기존의 정치적인 세력에 미치는

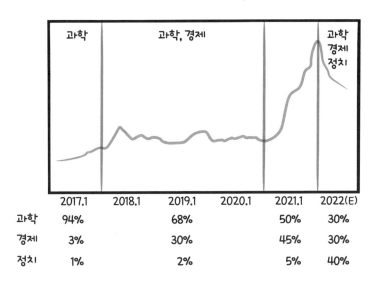

	2017.1	2018.1	2019.1	2020.1	2021.1	2022(E)
과학	94%		68%		50%	30%
경제	3%		30%		45%	30%
정치	1%		2%		5%	40%

▲ 비트코인 가격 그래프. 각각 시기마다 과학, 경제, 정치의 중요 비중이 달랐습니다

영향이 크지 않았습니다. 하지만 비트코인 시장이 과열되며 큰 변동성으로 화폐 경제를 교란시키자 2021년부터는 정치의 영역에서도 비트코인에 주목하기 시작했습니다. 정치권에서 비트코인에 대한 부정적인 반응을 나타냈죠. 정치의 영역에서 장기적으로 비트코인 현상에 효과적으로 대응할 대안을 고민할 수도 있겠지만 단기적으로 비트코인 투자에 대한 부정적인 대응을 시도했고 이는 가격 하락의 원인이 되기도 했습니다.

이런 과정을 통해 현재는 과학, 경제, 정치가 비슷한 비중으로

복잡계의 탄생과 지금, 복잡계를 이해하는 법

비트코인의 가격에 영향을 주고 있습니다. 이 과정에서 처음 과학 이론만으로 비트코인에 접근한 분들 중 몇몇은 자신이 가장 최신의 지식을 가지고 있다고 생각하며 현재의 비트코인을 과학의 원리로만 바라보려고 합니다. 가장 최신의 지식을 가지고 있을지는 모르지만 다른 사람들은 복잡한 변수를 반영해서 가격의 움직임을 고려하고 있는데 혼자만 과학이라는 단순계로 비트코인을 바라보고 있는 상황이 된 것입니다. 이런 방식의 결과는 실패가 될 확률이 큽니다. 최신의 지식이라도 단순하게 적용하면 이는 무모한 결과를 가져올 수 있습니다.

그렇다면 비트코인의 미래는 어떻게 될까요? 그 전에 암호화폐, 다른 말로 크립토커런시Cryptocurrency에 대해 잠시 언급하겠습니다. 도지코인처럼 일부 화폐는 장난으로 시작하기도 했지만, 크립토커런시는 진지하게 새로운 세상의 구조를 위해 설계된 기술적 신뢰 시스템입니다. 그 성격이 자산의 성격과 통화의 성격 중에 어느 쪽으로 정해질지, 혹은 어느 쪽의 성격을 더 많이 가지게 될지는 현재 진행 과정에 따라 달라질 것입니다.

이제 크립토커런시가 의미가 있냐 없냐가 아니라 제도권에 어떤 형태로 편입되는가가 논의의 핵심이라고 생각됩니다. 명망 있는 벤쳐캐피탈리스트 빌 타이Bill Tai의 설명이 시선을 끕니다.

"현재 삶에서 일반적으로 가치를 저장하는 중요한 커머디티(=당연한 것) 두 가지를 선택한다면 석유와 전기이다. 우리는 석유에 대해서 끝없이 페트로달러(Petrodollar, 석유 수출국이 보유한 오일 달러)라는 말을 듣고 있다. 그렇다면 전기에 대해서는 일렉트로달러(Electrodollar)라는 것이 있을 수 있지 않겠는가?

페트로달러는 3차 산업혁명 동안 자리잡았다. 그동안 기계를 사용하기 위해 석유가 필요하게 되면서 석유의 가치는 상승했다. 생산성을 저장할 수 있게된 미국 달러는 그 과정에서 금으로부터 떨어져 나와 표준이 되었다. 통화란 무엇인가? 통화란 생산성을 저장하는 수단이다. 국가는 많은 양의 석유를 사서 보관하거나, 석유로 교환할 수 있는 수단인 페트로달러를 보유함으로써 미래를 준비할 수 있었다. '미달러는 일종의 석유의 ICO 토큰'이다. 이제 석유는 전기를 생산하기 위한 여러가지 수단 중에서 하나의 수단에 불과하다. 우리의 삶의 방식은 변화하고 있다. 생산성이 점점 더 컴퓨터와 스마트폰과 같은 전자기기를 활용하는 방식으로 강화되고 있는 것이다. 우리가 석유를 중요하게 생각하는 것도 근본적으로는 전력에 대한 필요 때문이다. 비트코인 채굴은 전력을 비트코인으로 전환하는 것이다. 근본적으로는 '전력을 토큰화 하는 것'이다. 이러한 과정에서 생성된 토큰들을 무엇이라고 부르든 이것이 바로 일렉트로달러이다."

복잡계의 탄생과 지금, 복잡계를 이해하는 법

매우 인상적인 개념 정의입니다. 이처럼 복잡한 세계에 대응하기 위해서는 자신만의 관점으로 세상의 현상을 정의할 수 있어야 합니다. 꼭 새롭게 만들 필요는 없습니다. 타인의 관점을 자신의 방식으로 해석해서 수용할 수도 있습니다.

최근 크립토커런시 시장은 정치적 의사결정의 영향력이 커지고 있습니다. 이러한 이유로 인해서 변동성이 매우 커진 구간을 지나고 있습니다. 모든 어려움에 대한 사후 비난은 원인이 아니라 수단에 쏠립니다. 크립토커런시는 첨단 중에서도 첨단의 금융시장입니다. 하지만 비합리적인 버블의 몰락은 '극단적인 합리성'을 추구하는 과정에서 발생합니다. 합리성은 단순계적 접근 방법입니다. 신중하고 다양한 관점의 접근이 필요한지 숙고熟考하고 투자 기간과 보유 비중을 결정하시길 바랍니다.

경제의 관점이 단순계에서 복잡계로 변화한 시점은 2008년이었고, 과학의 관점에서 크립토커런시 시장이 복잡계로 변화한 시점은 2021년입니다. 정치는 태생적으로 복잡계 구조입니다. 물론 글로벌 패권을 다루는 정치는 약소국의 정치 개념과는 비교도 안 될 만큼 크고 복잡한 복잡계 구조입니다. 그래서 정치를 이해하는 분들은 세상이 다 복잡계인데 뭘 이리 길게 설명하고 있나 싶으실 겁니다.

경기 사이클의 시대를 해석했던 고전 경제학은 경제를 닫힌 구조의 균형 시스템으로 봅니다. 19세기 후반에서 20세기 중반까지 경제학의 바탕이 되는 원리는 운동과 에너지에 대한 물리학이었습니다. 마찰력이 있는 상태에서는 움직이는 물체가 결국에는 멈추는 것처럼 어떤 궁극의 '균형 상태Equilibrium'가 존재한다고 생각했습니다. 지금은 경제가 복잡계 구조라는 것이 상식이지만, 지난 세기 동안 경제학자들은 근본적으로 잘못된 가정으로 확실한 해석을 찾아 다녔던 것입니다. 복잡계에서 균형 상태는 모든 것이 멈춘 '죽음'의 상태를 정의할 때 사용됩니다. 복잡계에서 변화 없는 균형과 발전은 존재하지 않습니다.

복잡계의 탄생과 지금, 복잡계를 이해하는 법

구조의 변화가
기업 경영에 준 영향

규모의 경제의 종말

복잡성이 기업에 준 가장 큰 영향은 '규모의 경제'를 없앴다는 것입니다. 지금까지 산업 사회에서 기업의 핵심 전략은 핵심 사업 영역을 집중적으로 확대하여 경쟁사와 차별화할 수 있는 규모의 경제를 창출하는 것이었습니다. 그런데 이제는 일반화되는 다품종 소량 생산, 생산 구조의 복잡성, 기업 조직 구조 변화 등의 원인으로 일정한 규모의 매출에 도달해도 과거에 존재하던 규모의 경제에 의한 원가 하락이 발생하지 않게 되었습니다. 생산 규모가 대규모화되는 과정에서 복잡성이 증가하면서 원가의 규모가 기하급수적으로 증가했고 이로 인해 기업이 불리한 상황에 처하게 되기도 합니다.

기업은 일반적으로 지속적인 성장을 추구합니다. 성장을 추구하는 것은 확장 전략이면서 동시에 생존 전략이라고 받아들여졌기 때문입니다. 하지만 복잡성이 커진 지금은 지속 가능한 가치를 만들지 못하면서 무턱대고 성장을 추구하는 것은 기업을 더욱 불안정한 상황에 빠트리는 결과를 가져오게 됩니다.

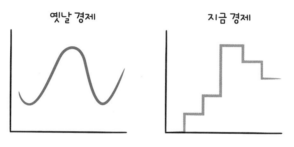

▲ 예전의 경제와 새로운 경제의 성장 흐름 비교

과거의 기업 경제는 왼쪽과 같이 하나의 큰 흐름을 보였습니다. 하지만 복잡계에서는 비선형성, 창발성 구조 등으로 인해 흐름을 이해하고 관리하기가 매우 어렵습니다. 그래서 오른쪽 그림처럼 하나의 흐름이 아닌 산발적인 사건에 의해 경제가 움직이는 모습을 보입니다. 과거의 경제는 시간의 순서로 움직이지만, 새로운 경제는 시간이 아니라 이벤트와 확률적 확실성이 임계치에 도달했는

복잡계의 탄생과 지금, 복잡계를 이해하는 법

지 아닌지에 따라 움직입니다. 단순계의 논리로는 이러한 특성에 대응할 방법이 없음에도 불구하고, 여전히 기업의 경영진은 과거의 방식으로 현재에 대응하면서 좌절감을 경험합니다. 새로운 경제는 폭넓은 관점과 상호관계, 다양한 생각 구조를 반영해야 다룰 수 있습니다.

원가 구조의 영향을 주는 복잡계

———

산업혁명 이전에는 육체 노동을 통해 생산이 이루어졌습니다. 그렇기 때문에 투입된 노동력에 비례하여 원가가 발생했습니다. 이러한 구조에서는 규모의 경제가 발생하지 않습니다.

이후 기술의 발전으로 산업혁명이 시작되며 공업의 구조는 가내수공업에서 대량의 설비를 갖춘 공장으로 변화했고 생산성이 급증했습니다. 이때부터 대규모 고정 투자를 통한 고정 원가 분산으로 원가가 생산량에 비례하지 않고 생산량이 증가할수록 개선되는 구조를 만들었습니다. 이러한 대량 생산과 소비자의 수요 증감은 재고의 증감을 발생시켰고 그 결과 경기의 상승과 하락이라는 사이클이 만들어졌습니다.

산업화 이후에는 복잡한 프로세스, 제품 구성, 조직 구조 등으

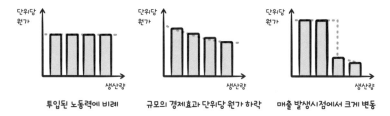

투입된 노동력에 비례   규모의 경제효과 단위당 원가 하락   매출 발생시점에서 크게 변동

▲ 산업 사회 이전(왼쪽), 산업 사회(가운데), 산업 사회 이후(오른쪽) 단위당 원가 비교.

로 인하여 '복잡성 원가'가 기하급수적 형태로 원가 구조에 영향을 주고 있습니다. 오퍼레이션 실행 전략 컨설팅 회사인 '윌슨페루말 앤드 컴퍼니Wilson Perumal & Company'의 설립자 겸 CEO인 안드레이 페루말Andrei Perumal은 원가 구조와 사업포트폴리오가 복잡성의 영향으로 어떤 구조를 가지게 되는지 아래와 같이 설명합니다.

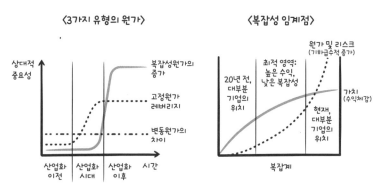

▲ 산업화 시대와 복잡계 원가의 경제 현상 비교

복잡계의 탄생과 지금, 복잡계를 이해하는 법

앞의 차트에서 보듯이 산업화 이전에는 생산량에 비례해서 원가가 발생합니다. 그리고 생산의 증감과 비용의 증감이 함께 움직였습니다. 산업화 시대에는 예측 가능성이 높은 상황에서 대규모 설비 투자로 처음에는 고정비가 크게 증가하지만 점차 평균 비용이 낮아지면서 규모의 경제 현상이 발생했습니다. 하지만 산업화 이후에는 매우 다양한 요소들이 직간접적으로 영향을 주면서 예측 가능성은 낮아지고 사전에 인지하지 못한 요인과 상황의 발생으로 원가가 기하급수적으로 높아지는 경우가 생겨납니다. 그래서 산업화 이후에는 낮은(혹은 적절하게) 복잡성을 유지하는 것이 수익가치를 극대화할 수 있는 방법입니다.

안드레이 페루말은 복잡해진 상황에 대처하는 방법에 대해 이렇게 설명합니다.

'어떤 문제를 전체적으로 파악하려고 할 때 한 가지 측면에서만 100% 이해하는 것보다 다면적 측면에서 각각 80%를 이해하는 것이 더 나은 결과를 얻을 수 있으며, 문제의 해결 방향을 정할 때는 더욱 그렇다.'

이는 다면적인 측면의 이해가 매우 중요하다는 점을 강조합니다. 어떤 측면의 이해를 80%에서 100%로 늘리는 것과 60%에서

80%로 늘리는 것은 둘 다 20% 차이지만 두 과정의 난도는 몇 배 이상입니다. 100%로 두 가지를 이해하는 데 들이는 노력은 80%로 5~6가지를 이해하는 것과 비슷합니다. 복잡계는 후자의 방식이 적절합니다. 기업의 관점에서 복잡성을 다루는 방안이 더 알고 싶은 분들에게는 스티븐 윌슨과 안드레이 페루말이 저술한 『복잡성과의 전쟁』(W미디어. 2013)과 『복잡성 시대의 성장의 역설』(여백출판사. 2020)이라는 두 권의 책을 추천합니다.

복잡성에 대응하는 것이 필요하다는 점을 반복하다 보니 복잡성이 해결해야 할 문제라는 측면이 부각된 것 같습니다. 세상 모든 것에 양면이 있듯이 복잡성에도 좋은 복잡성과 나쁜 복잡성(또는 우연)이 있습니다. 나쁜 복잡성은 제거하고, 좋은 복잡성은 효율성을 높여서 대응하는 것이 적절합니다. 투자하고 있는 기업의 실적이 예상보다 좋게 발표된 경우가 이러한 경우입니다. 물론 왜 그런 서프라이즈가 발생했는지 확인하고 구조적 변화가 있는지 알아봐야 하지만, 좋은 복잡성은 일단 고맙고 즐거운 기분이 드는 게 인지상정人之常情이겠죠. 우연은 전략의 영역에서 축소해야 하는 부정적인 요인이 아니라 붙잡아야 하는 행운이기도 합니다. 이를 피하는 것이 아니라 다루는 것이 복잡계의 핵심입니다.

복잡계 투자의
구조

투자의 변수를 다루는 방식이 완전히 달라진다

―

단순계와 복잡계에서는 투자에 중요한 변수들의 원리와 의미가 달라집니다. 단순계에서는 인과관계가 명확하고, 상관관계가 여러 가지 면에서 존재합니다. 근원적인 이유는 단순계는 닫힌 구조라 경계가 명확하고 변수들의 개수가 적은 상황이기 때문입니다. 다음 장의 그림에서 단순계 형태의 원이 닫힌 실선으로 그려져 있는 것은 그 점을 표현한 것입니다. 복잡계는 반대입니다. 닫힌 구조가 아니라 열린 구조이며 변수들의 개수가 많고, 게다가 더 많아질 확률이 매우 높은 상태입니다.

위험과 불확실성이라는, 인간이 피하고 싶어하는 측면에서 보더라도 변화가 생깁니다. 기본적으로 단순계에서는 변수들이 각각 분리됩니다(기억해주고 계시죠? 모든 것이 분리된다는 가정은 서양의 사고 방식의 핵심입니다). 단순계에서 불확실성과 위험과 투자의 영역은 서로 따로따로 분리가 가능한 개념입니다. 하지만 복잡계에서는 변수들 간의 확실한 분리란 불가능합니다. 모든 것들이 서로 연결된 구조라는 것이 복잡계의 특성이기 때문입니다.

분류	단순계	복잡계
인과관계	있음	약하거나 없음
상관관계	여러 가지 존재	약하거나 없음
위험	계산 가능 / 회피 가능	계산 가능 / 회피 가능
불확실성	계산 불가능 / 회피 가능	계산 불가능 / 회피 불가능
형태		

▲ 단순계와 복잡계의 특성 비교

이러한 세계관은 동양 사상에서는 수천년 동안 내려오는 생각 구조입니다. 삶과 죽음이 이어져 있고, 현생은 전생과 내세로 이어

복잡계의 탄생과 지금, 복잡계를 이해하는 법

진다는 세계관을 가지고 있는 동양 문화에서 복잡계의 가정은 어렵지 않게 받아들일 수 있는 개념입니다. 물론 이는 인종과 국가의 구분이 아니라 사고 구조의 차원입니다. 동양인이지만 교포 2~3세 분들이나, 서양식 교육 방식을 기본 구조로 받아들여 동양 문화와 사상에 대해 따로 노력하여 고민하거나 배우지 않은 경우에는 단순계로 사고하는 경우가 많습니다.

단순계 세상에서는 경기순환에 따라 경제가 주기적으로 움직이기 때문에 그에 영향을 받은 주식시장은 '금융장세 · 실적장세 · 역금융장세 · 역실적장세'라는 4가지 국면에 따라 흘러가고, 우리는 각각의 국면에 정해진 대응 방법을 적용하는 방식으로 경제 활동을 이어왔습니다. 다음 장의 그림에서 단순계의 알파벳이 A, B, C, D, E, F, G 순서대로 배열되어 있는 것은 질서가 있다는 점을 표현한 것입니다.

반면에 복잡계 세상에서는 순서라는 개념이 없습니다. 그래서 복잡계에서는 L, S, J 라는 무작위의 알파벳을 표시했습니다. J의 경우에는 위험과 불확실성을 감수하면서 투자를 하고 있지만 수익이 크지 않은 방식입니다. S는 위험은 회피하고 불확실성도 줄이려고 노력했지만 수익 기회마저 대부분 놓친 경우입니다. L의 경우는 위험과 불확실성을 고려하고 감수하면서 적절한 투자 기회를 찾아서 좋은 투자 성과를 가져오는 경우입니다. L 영역의 크기가 큰 것은 다양성과 깊이 측면에서 더 뛰어난 투자자를 표현한 것입니다.

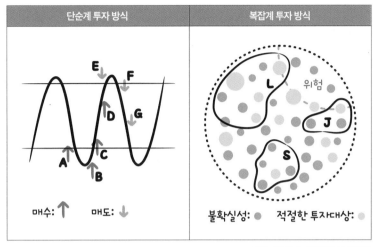

▲ 복잡계와 단순계의 투자 방식 비교

임계점에 도달할 때까지 기다리는 복잡계 투자

단순계 투자는 순환 주기상 지금의 위치가 어디인지를 '정확'하게 파악하는 것이 핵심입니다. 반면에 복잡계 투자는 다양하고 깊이 있는 방식의 포트폴리오를 구성하여 투자 대상의 잠재력이 임계점에 도달하여 성과를 낼 수 있는 시점까지 기다릴 수 있는 구조를 만들었는지가 핵심입니다.

복잡계의 탄생과 지금, 복잡계를 이해하는 법

개인적으로 두 방식은 물고기를 잡는데 낚시를 하느냐, 그물망을 치느냐와 유사하다고 생각합니다. 투자 방식에서 가장 큰 문제가 발생하는 경우는 단순계 방식의 예측 모델로 복잡계 상황에서 몇 번의 성공을 거두는 경우입니다. 인간은 본능적으로 성공의 상황에서 투자의 규모를 늘리기 때문에 결국 잘못된 믿음은 회복하기 어려운 규모의 실패나 복지부동伏地不動에 따른 뒤처짐이라는 결과를 가져옵니다(저는 복잡계의 투자 환경을 바다에서 그물을 치는 형태로 생각했는데, 앞의 그림을 보니 세포의 모양과도 상당히 유사하네요. 서로 연결되어 있는 세포도 당연히 복잡계 구조입니다).

단순계와 복잡계가 어떻게 다르게 움직이는지 보겠습니다. 단순계에서는 정보의 정확성이 높게 평가되고 주가의 움직임도 확실성이 높은 정보를 반영하면서 움직입니다. 다음 장의 왼쪽 차트에서 정보(빨간점)의 움직임과 주가의 움직임(파란선)이 유사한 모양을 보이는 것과 선이 짙게 그려진 것은 확실성이 높은 움직임인 두 현상이 정확하게 연결되어 있음을 표현한 것입니다.

이와 다르게 복잡계에서는 확실한 정보라는 개념이 줄어듭니다. 정보가 있다고 해도 그 정보 이외의 다른 정보들이 공존하고, 정보뿐만 아니라 정보에 대한 해석의 영향도 크기 때문에(양자물리학에서 관찰자가 현상에 영향을 주는 점과 일맥상통합니다) 현상이 실제로 발생했다고 해도 이는 확률적으로 발생한 사건이지 확실하기 때문에 혹은 확률이 가장 높기 때문에 반드시 발생하는 것은 아닙니다. 그 부분을 아래 오른쪽 차트에서 많은 정보량(빨간점)과 흐릿한 주가 움직임(파란선)으로 표현했습니다. 복잡계에서는 정보의 궤적으로 주가가 움직이는 것이 아니라 정보와 확률이 높아져서 현상이 발생할 확률적 임계치를 넘어서면 그때부터 급격한 움직임이 발생합니다. 그래서 짧은 기간에 기대값에 도달하는 급격한 움직임이 발생합니다.

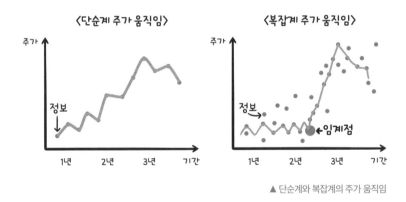

▲ 단순계와 복잡계의 주가 움직임

정보의 반영도 단순계와 복잡계에서 차이가 존재합니다. 단순계에서는 정보를 빨리 확보하는 것이 중요합니다. 정보의 확실성이 높기 때문입니다. 하지만 복잡계에서는 좋은 결정을 내리기 위해 때때로 어떠한 정보들은 무시해야 합니다. 신호와 소음이라는 용어로 일반적으로 많이 사용하는 개념입니다. 하지만 필요 없는 정보가 무엇인지를 구분하는 능력이 있어야 가능한 일입니다. 그래서 정보의 수준을 넘어서서 지식과 지혜를 구성하는 것이 단순계보다 훨씬 중요합니다.

투자의 관점에서 20세기는 단순계 구조에 가깝고, 21세기는 확실하게 복잡계 구조입니다(물론 제 시각에는 두 세기 모두 복잡계입니다. 더 큰 범위의 생각 구조가 있는데 작은 구조와 큰 구조를 굳이 두 번에 나누어 사용할 이유는 없습니다). 저는 20세기를 세 단어로 요약하면 '석유, 미국, 세계화의 시대'였고, 지금까지 설명한 내용을 기준으로 21세기를 표현하면 '전기, 제로 금리, 복잡함의 시대'라고 생각합니다.

두 세기를 살아가고 있는 우리가 이렇게 극단적인 구조의 변화에 대응하기 어려운 것은 당연한 일입니다.

새로운 과학이
재고와 경기 사이클에 준 영향

양자물리학의 원리와 의미

서양의 과학이 모르는 것을 이해하기 위해서 접근한 방식은 분리分離입니다. 서양은 어떤 물체를 이해하고 싶을 때 그 물체를 쪼개어 그 구성 성분과 요소들을 살펴봅니다. 그래도 모르겠으면 더 미세하게 쪼개어봅니다. 알 수 있을 때까지 쪼개보는 거죠.

대표적인 사례가 1827년 스코틀랜드 식물학자 로버트 브라운Robert Brown이 발견한 브라운 운동Brownian motion입니다. 브라운 운동은 액체나 기체 속에 미세 입자들이 불규칙하게 운동하는 현상입니다. 그는 당시로서는 금전적으로나, 육체적으로나, 정신적으로나 무척 어려웠을 해외 오지 탐사를 가장 많이 한 인물 중 한 사람입니다. 그는 전 세계의 여러 가지 특이한 식물들을 채집해 와서 그가 개인적으로 운영하던 식물원에서 키웠는데 당시 영국 왕실에서 운영하던 곳보다 더 많고 다양한 식물들이 있었다고 합니다. 그는 생명 현상을 연구하기 위해 꽃가루 입자를 잘게 갈아서 유리컵에 넣어두고 관찰했는데 이때 꽃가루가 멈추지 않고 계속해서 불규칙적으로 움직이는 모습을 관찰하게 됩니다. 기존에는 이 움직임을 생명의 현상으로 생각했는데 알고 보니 미세한 입자 상태에서 지속적으로 움직임이 발생하는 물리적 현상이었던 것입니다. 여러 물리학자들이 이 현상을 설명하려고 노력했지만 밝혀내지 못하다가, 그 유명하신 아인슈타인 옹께서 이 같은 현상이 분자들 간의 충돌로 발생하는 움직임이라는 것을 밝혀냅니다.

미세화 방식을 통해 현상을 이해하려는 여러 과학자들의 노력의 과정에서 한 가지 특이한 현상이 발견됩니다. 바로 극미세한 단계로 계속 작아지면 미시적 물질이 파동의 성질을 가진다는 것입니다. 그들은 양자점量子點, Quantum dot 이하의 크기부터 물질은 입자적 성질을 가짐과 동시에 파동적 성질을 가지게 된다는 사실을 발견합니다.

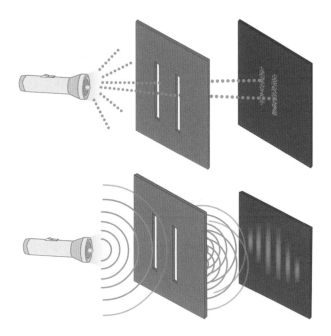

▲ 빛은 입자 혹은 파동의 성질을 둘 다 가지고 있다

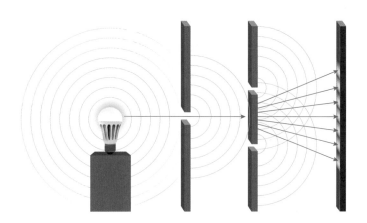

▲ 빛의 간섭 현상을 입증한 토머스 영의 '이중 슬릿 실험'

복잡계의 탄생과 지금, 복잡계를 이해하는 법

앞의 그림은 빛이 입자성을 가질 경우와 파동성을 가질 경우 어떻게 다른 모습을 보이는지 알려주는 실험입니다. 어두운색 종이 앞에 직사각형의 구멍 2개가 뚫린 종이를 세워둡니다. 그리고 그 앞에서 빛을 쏘면 맨 뒤의 종이에 어떤 모양으로 나타날까요?

첫 번째 그림은 우리가 일상적으로 보는 모습입니다. 빛은 입자성을 가질 경우 구멍 뒤로 입자가 모이기에 구멍에 맞는 형태가 바로 뒤에 나타납니다. 일상적으로 우리가 기대하는 모습이죠? 기대하는 현상과 실제 현상이 같은 것은 확실하다는 것을 뜻합니다. 이런 현상은 우리가 예측 가능한 입자성이 나타난 경우입니다.

이와 다르게 두 번째 사진은 빛이 파동성을 보일 때 나타나는 모습입니다. 빛이 입자가 아닌 파동을 가진다면 구멍을 통과해 그 구멍의 개수보다 더 많이 남게 됩니다. 하나의 커다란 빛이 아닌 연속적인 빛이 나타나는 것이죠. 이러한 파동성을 극명하게 보여주기 위해서 영국의 의사이자 물리학자인 토머스 영Tomas Young 은 '이중 슬릿 실험'을 통해 빛의 간섭 현상을 입증했습니다. 여기서 머리가 '지끈' 하는 느낌을 받는 분도 있을 겁니다. 네, 사실 저도 처음에는 그랬고, 창피했습니다. '세상의 구조를 이렇게도 피상적으로만 알고 있었구나'라고 생각했죠. 하지만 그런 경험이 더 제대로 된 이해를 향한 문을 열어준다는 것을 이제는 알고 있습니다. 힘내십시오.

여기서 더 들어가면 이 책의 범위를 넘어서므로 이 점만 기억해 주십시오. 하나의 성질을 가졌다고 생각한 것이 두 가지 성질을 가지고 있고 공존도 가능하다는 것을 알게 됨으로써 기존의 이해는 특정 범위에서만 작용하는 것이지 전체를 이해하는 데 적절한 수단이 아니라는 것을 알게 되었습니다. 그래서 더 근원적인 이해를 위한 연구가 이루어졌고, 그 결과 인류는 더 넓고 깊은 이해가 가능해졌다는 점입니다. 그리고 그 이해는 확실성을 바탕으로 한 이해가 아니라, 정확하게 이해할 수 있다는 환상을 버리면서 얻은 불확실한 이해라는 점입니다.

빛의 입자와 파동에 대한 연구는 결과를 정확하게 예측하기 어렵다는 결론을 내리게 됩니다. 바로 이것이 양자물리학의 핵심입니다. 양자물리학은 인과관계가 뚜렷한 이전의 고전물리학과는 달리 현재 상태를 정확히 알더라도 미래를 예측할 수 없다는 확률론의 입장을 취합니다.

동양과 서양이 결합한 양자물리학의 핵심 이론

아직 좀 친숙하지 않으시죠? 우리나라에 매우 중요한 반도체, 이 반도체의 개발에 양자물리학의 원리가 사용됩니다. 반도체의 메모리는 전자가 있느냐 없느냐에 따라 0과 1 둘 중 하나의 값으로 다르게 나타납니다. 이 현상을 발생시키는 과정에서 '양자터널링 Quantum tunnelling' 현상을 이용합니다(네, 지금 돌을 씹고 있는 느낌이 들고 계신 거 알고 있습니다. 계속 응원합니다).

친숙한 느낌을 만들어 드리기 위해서 연결을 해보겠습니다. 현재 우리 삶에 가장 영향이 큰 기술은 디지털 컴퓨터입니다. 디지털 컴퓨터는 0과 1로 만드는 세상입니다. 이렇게 0과 1로 세상을 모두 표시할 수 있다는 이진법은 고트프리트 라이프니츠 Gottfried Wilhelm von Leibniz가 발명했습니다. 그런데 라이프니츠의 외조부는 그 당시 중국에 다녀온 정말 극소수의 인물 중 한 분이었습니다. 그는 다녀와서 자신의 똑똑한 외손주에게 『음양론陰陽論』을 선물합니다. 라이프니츠는 이 책을 통해 음과 양 두 가지로 세상을 해석하는 원리를 배웠고 0과 1로 세상을 바라보게 된 것입니다.

양자물리학의 아버지라 불리는 닐스 보어 Niels Bohr는 유학儒學에서 삼경三經 중 하나로 세계의 변화에 관한 원리를 기술한 책인 『역경易經』을 보고 양성자(+)와 전자(-)로 이루어진 원자 모델을 만들었습니다. 그는 역경에 대한 존경의 표시로 귀족 작위를 받는 식장에 태극 휘장을 붙인 예복을 입기도 했습니다.

▲ 고트프리트 빌헬름 라이프니츠, 음양론과 이진법(출처: 위키피디아)

▲ 닐스 보어, 역경(易經), 태극 휘장(출처: 위키피디아)

서양에서 만들어졌고, 우리와 전혀 다른 생각 구조를 가진 사람
들이 만든 이해의 방식이라서 다른 세상의 이야기 같은 느낌이 들
지만, 원자론과 이진법이라는 현대 과학의 핵심 이해는 동양의 관

점이 포함된 직관의 과정이 있었습니다. 동양과 서양의 만남을 통해 과학의 세계가 확장된 것입니다. 우리는 세밀하게 이런 계산을 이해할 필요도 없고, 하기도 어렵습니다. 투자자로서는 이러한 방식이 어떤 원리와 과정으로 만들어졌는지를 이해하고 받아들이는 과정 정도면 충분합니다. 그럼 계속 이어가보도록 하겠습니다.

다시 문제의 양자물리학입니다. 에르빈 슈뢰딩거Erwin Schrödinger 는 1933년에 '슈뢰딩거 방정식'으로 노벨 물리학상을 수상했습니다. 많이 알려진 '슈뢰딩거의 고양이'라는 사고 실험으로 양자물리학의 핵심 원리를 설명해준 분입니다.

양자물리학을 대표하는 설명이 되어버린 이 사고 실험에 대해 간단하게 설명하겠습니다. 밖에서는 볼 수 없는 상자 안에 고양이를 넣었다고 가정해봅시다. 그리고 상자 안의 고양이가 살거나 죽을 확률이 1시간 후에 50%인 상황을 만들었다면 확인하는 시점에서는 죽거나 산 고양이를 보겠지만, 1시간 동안은 확률이 절반이기 때문에 상자 안의 고양이는 죽지도, 살지도 않은 상태가 되겠죠. 이는 생사가 불확실한 고양이를 통해서 가능성의 중첩 상태를 설명한 실험입니다. 원인과 결과가 불명확한 이러한 실험은 답이 하나로 정해져 있는 단순계를 넘어 복잡계로 나아갈 이론적 토대가 됩니다.

◀ 죽은 것도 산 것도 아닌 가능성의 중첩 상태를 설명한 '슈뢰딩거의 고양이' 사고실험

　　슈뢰딩거는 양자물리학을 어떻게 해석할지에 대한 실마리를 힌두교의 경전 우파니샤드उपनिषद् Upaniṣad에서 찾았습니다. 우파니샤드는 힌두교의 경전입니다. 이 단어의 뜻은 '스승 가까이에 앉아 귓속말로 전해 듣는 진리'라는 뜻입니다. 인도 문명에서 스승은 육성이 들리는 범위에 앉을 수 있는 사람만을 제자로 받을 수 있어서 통상 60여 명의 제자만을 가집니다. 그리고 가까이 앉을 수 있는 제자의 위치가 당연히 높습니다. 뭐, 이건 시대와 지역을 떠나 비슷한 것 같네요. 우파니샤드는 우리가 불교를 통해서 잘 알고 있는 업보業報, 윤회輪廻 같은 개념들이 처음으로 정립된 서적입니다. 슈뢰딩거는 이 책을 통해 물질 이전에 정신과 관념이 세계의 본질이라고 믿었습니다.

복잡계 세상을 잘 이해할 수 있는 이해를 전해준 슈뢰딩거 옹은 생각과 행동이 매우 일치했던 분이 아닐까 싶습니다. 수많은 여성과 관계를 형성하며 복잡계의 본질에 다가가는 무척이나 복잡한 삶을 사셨다고 전해집니다.

▲ 에르빈 슈뢰딩거와 힌두교의 경전 우파니샤드(출처: 위키피디아)

앞서 말씀드렸듯이 진정한 원리는 동양과 서양에서 모두 적용됩니다. 저는 어느 한쪽에서만 사용되는 이론과 방식은 이해보다 이해관계를 담고 있을 확률이 높다고 생각합니다.

양자물리학은 우리의 세상을 근본적으로 세 가지 측면에서 바꿨습니다. 첫째, 세상의 구조가 확실한 것이 아니라 불확실하고 어떤 현상이 중첩되어서 공존할 수 있다는 것을 알게 해줬습니다. 둘째, 세상의 모든 것들이 연결되어 서로 영향을 주고받으며, 관찰자도 제삼자가 아니라 현상에 영향을 주는 구성원 중의 하나라는 것을 이해하게 해줬습니다. 셋째, 그러한 상호 간의 영향이 초미세한 범위에서는 실시간으로 영향을 주고받는다는 것을 알게 해줬습니다. 이는 시간의 차이가 존재하지 않는 것을 의미합니다.

시간의 중요성이 감소하는 미래 사회

과학 기술의 발전으로 우리는 우리가 필요로 하는 상품을 과거와는 비교할 수 없는 수준으로 빠르고, 정확하게 만들게 되었습니다. 고층 빌딩을 짓는 기간이 7년에서 3년으로 줄어들었고, 책상을 만드는 데 걸리는 시간이 3개월에서 1개월로 단축되었습니다. 물건을 사기 위해 마트에 가서 장을 보는 대신 터치 몇 번이면 몇 시간 만에 로켓 배송이 가져다줍니다. 인터넷이 있기 전에는 해외에 있는 친구에게 편지 하나 보내려면 한 달 정도가 소요되었습니다. 보내는 것이 끝이 아니죠. 주고받기까지 하려면 최소 두 달은 걸렸습니다.

하지만 이제는 지구 반대편에서 무슨 일이 벌어지는지 구글 검색만 누르면 바로 알 수 있습니다. 여기서 이런 현상이 멈출까요? 이제 집은 3D 프린팅 기술을 사용하면 일주일이면 짓는답니다. 공산품만 아니라 신선 식품도 아침이면 문 앞에 배달됩니다. 편지에서 이메일로, 이메일에서 메신저로, 메신저에서 이제는 영상 통화로 연결의 속도와 방식이 급격하게 발전했습니다.

정보와 상품의 이동이 빨라지면서 수요와 생산이 효율적으로 연계되고 있습니다. 과거에 사회는 필수적으로 필요한 상품들이 많았기 때문에, 소품종을 대량으로 만들어서 수요를 충족시키는 것이 핵심 가치였습니다. 생산 기술도 지금보다 효율적이지 않았기 때문에 다양한 상품을 만드는 것도 어려웠죠. 하지만 이제는 많은 나라들이 필요는 충족된 사회가 되었습니다. 이제는 필요를 넘어서 선호를 충족하는 것이 중요한 가치가 되었습니다. 이러한 변화로 인해서 생산 체계는 소품종 대량 생산에서 다품종 소량 생산으로 지속적으로 이동하고 있습니다.

생산 기술도 발전하여 생산과 소비 사이에 걸리는 시간은 점점 줄어들고 있습니다. 소품종 대량 생산 방식은 사회 전체의 재고 수준을 매우 높게 만듭니다. 그러나 효율적이고 빠른 다품종 소량 생산으로 지속적으로 이동하면서 재고 수준이 전반적으로 감소하고 있습니다. 그리고 만약의 필요성이 발생하면 최근 코로나19 사태에 백신 생산 체계의 구축에서 보듯이 과거에는 상상할 수 없는 속도의 다품종 대량 생산까지도 가능하게 되었습니다. 재고의 감소로 인하여 우리가 경험하는 경기 순환 현상의 강도가 줄어들고 있습니다.

기술의 발전으로 경제 활동의 변화가 소비와 생산에 과거보다 빠르고 다양하게 반영된다는 것은 경제에 영향을 주는 변수들이 증가하고 상호관계의 속도가 빨라진다는 것을 의미합니다. 변수의 증가와 속도의 가속이 동반되는 구조가 바로 복잡계입니다.

복잡계를 만드는 핵심에는 과학 기술의 발전이 가장 큰 영향을 미칩니다. 그리고 이러한 발전은 재고가 감소된 사회 환경을 만들었고 경제에 큰 영향을 미치고 있습니다. 그리고 2009년을 기점으로 세상을 움직이는 기본 원리가 고전물리학에서 양자물리학으로 변화되었습니다. 양자물리학 이론에 따르면 극미세한 세계에서 사건은 '순차적'이 아닌 '동시에' 발생하는 구조를 가지고 있습니다. 시간의 중요성이 점차 감소한 것이죠. 다시 말해 양자물리학을 바탕으로 한 복잡계에서는 한 차원 높은 기술의 발전으로 시간(혹은 순서)이 주는 영향이 감소합니다. 기본 원리의 변화는 그 원리를 바탕으로 돌아가는 현상 모두에 영향을 줍니다. 당연히 경제도 마찬가지죠. 이제 지금의 복잡계가 경제 현상에 어떤 현상을 주는지 살펴봅시다.

복잡계 세상에서
금리 구조의 변화

시간의 중요성이 감소하자 금리의 구조가 바뀌었다

───

　금리의 상승과 하락은 자금 수요의 증감이 원인입니다. 경기가 좋을 때는 돈을 빌리고자 하는 사람들이 많아지고 나쁠 때는 줄어듭니다. 과거의 방식이 미래에도 유사하게 반복되는 단순계 세상에서 1년 동안 할 수 있는 일은 대부분 2년 동안 두 번 할 수 있습니다. 그렇기 때문에 2년 만기 채권은 1년 만기 채권보다 두 배의 금리를 받게 되는 경우가 많았습니다. 매우 단순화한 설명입니다. 그리고 채권 금리는 경기가 좋아지고 나빠지는 사이클의 상승과 하락에 따라 시차는 있지만 보통 경기와 '동행'하여 움직였습니다.

그런데 앞에서 설명드린 과학 기술의 발전으로 복잡계 세상에서 경기 사이클 현상이 줄어들었습니다. 없어지진 않았지만 과거보다 경제에서 차지하는 비중이 줄어들었죠. 이제는 과거가 반복되기도 하지만 그렇지 않기도 하고, 예측할 수 없는 완전히 새로운 일들도 많이 발생합니다. 과거가 반복될 경우에는 1년에 한 번 할 일을 2년에 두 번 할 수 있었지만, 이제는 그럴 수도 있고 아닐 수도 있습니다. 과거에 1년 걸리던 일이 이제는 한 달이면 가능하기도 합니다. 이제는 예전처럼 기간을 기준으로 판단하고 결정하기 어려워졌습니다. 확실성이 감소한 요인은 그것을 기준으로 무언가를 결정하기 어려워진다는 것을 뜻합니다. 그래서 단기냐 장기냐의 기간이 금리에서 차지하는 중요성이 감소했습니다.

변화된 상황에서 금리를 결정하는 핵심은 이제 돈을 빌려간 사람이 그 돈을 갚을 수 있는지 없는지 여부입니다(물론 이 요인이 중요하지 않았던 적은 유사 이래 없습니다. 다만 과거보다 더 중요한 요인이 되었다는 것이죠). 채권은 종류와 신용도에 따라 여러 가지로 구분됩니다. 국채의 신용도가 가장 높고, 경쟁력 있는 대기업 회사채의 신용도가 그다음을 차지하고, 점점 기업의 체력이 약해질수록 낮아지다가 부도 위험이 높은 정크본드(신용 등급이 낮은 기업에서 발행하는 고위험 채권)는 신용도가 매우 낮습니다. 금리를 결정하는 데 지불 능력이 가장 핵심적인 요인이 된 것입니다. 마지막으로 정부의 정책이 유동성에 주는 영향 등 정부의 경제적, 정치적 결정이 경제 환경에 과거보다 더 큰 영향을 주는 구조가 되었습니다.

현재는 전반적인 금리 수준이 매우 낮아진 '저금리 시대'입니다. 제로 금리도 일반화되었고 마이너스 금리도 이제 이상한 용어로 들리지 않을 만큼 많이 들립니다. 하지만 여기서 주목해야 할 점은 자본주의 시스템이 마이너스 금리 구조를 가정하고 설계되지 않았다는 것입니다. 이 점이 많은 학자와 금융업계 종사자들이 우려하는 블랙박스(구조를 알 수 없는 시스템 혹은 장치. 미래를 예측할 수 없는 불안정한 상태를 일컫는 말)입니다.

현재 경제 시스템에 공급된 돈의 양은 기존의 상식으로 바라봤을 때 '지나치게' 많습니다. 그래서 경제를 운영하는 기본 원리를 다르게 적용하지 않고서는 2009년 이후의 유동성 증가를 설명하기 어려운 상황이 되었습니다. 또 사회의 작동 원리가 뉴턴의 고전 물리학을 바탕으로 한 구조에서 양자물리학을 바탕으로 한 구조로 변화한 것도 경제를 운영하는 방식에 변화를 주었다고 저는 해석합니다. 지금까지 저 말고는 이런 생각을 한 사람을 본 적이 없습니다.

단순계인 경기 사이클 세상은 시간의 흐름을 기준으로 합니다. 시간의 흐름(기간)이 있다는 것은 고전물리학의 원리가 작동하는 세상입니다. 하지만 복잡계 경제 구조에서는 흐름이 약해지고 급작스러운 움직임이 빈번해지고 커집니다. 이 움직임은 퀀텀 점프 Quantum jump라는 비약적인 움직임을 나타내는 양자물리학 원리에 더 어울립니다. 또한 양자물리학은 뉴턴의 고전물리학에 비해 파동의 중요성이 매우 커집니다.

제가 단순계 사이클 시대를 강에 비유하고, 복잡계 시대를 바다에 비유하는 것도 이 점을 은유隱喩하는 것입니다. 강에서는 흐름이 중요하고, 바다에서는 파도(파동)가 중요합니다. 그래서 현재의 유동성이 바다의 구조와 유사하게 급격히 늘어났다는 생각을 가지고 있습니다. 제가 이 책에서 복잡계를 '유동성의 바다'라고 표현하는

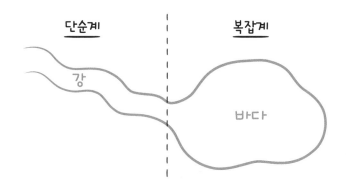

▲ 유동성으로 바라봤을 때 단순계는 강, 복잡계는 바다입니다.

복잡계의 탄생과 지금, 복잡계를 이해하는 법

이유이기도 합니다.

앞서 말한 '지나치다'라는 말은 정해진 기준이 있고, 그 기준으로 평가했을 때 어떤 과도한 결과를 나타내는 용어입니다. 동일한 요소라도 원리 자체가 바뀌어서 이를 적용하는 방식이 달라지면 기존의 관점으로 볼 때 지나친 행동이 새로운 관점에서는 '필요하기 때문에 달라진 것'이 됩니다.

이렇듯 2009년을 기점으로 세상을 움직이는 기본 원리가 고전물리학에서 양자물리학으로 변화되었다는 것이 제 의견입니다. 그리고 2008년 서브프라임 사태를 해결하기 위해 사용된 급격한 유동성 정책이 단기적인 대응 방식과 장기적인 구조 변화를 동시에 추구하는 정책이었다고 생각합니다. 이 정책이 강의 구조를 바다의 구조로 전환시킨 것이죠. 강에서는 배를 띄우면 그대로 바다로 흘러갑니다. 그러나 바다에서는 어느 정도 일정한 해류의 움직임이 있어도 여러 가지 변수들로 인해 배가 어디로 갈지 불확실합니다. Fed는 과거 60년 동안(1950~2008) 보여준 행동과는 완전히 다른 새로운 차원의 유동성 정책을 시행해 경제가 움직이는 작동 원리를 변화시켰습니다.

기술 발전과 정책 변화로 시간의 가치가 감소하는 세상이 되었고, 그 결과 금리의 움직임은 달라졌습니다. 이것이 주가와 금리가 가지고 있던 일정한 상관관계가 사라진 이유입니다. 과거에는 호황과 불황에 따라 상승하고 하락하던 금리의 움직임이 이제는 정책의 변화와 유동성의 흐름에 더 민감한 구조로 변화된 것입니다.

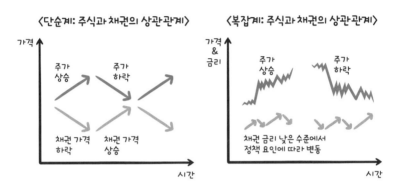

▲ 호황과 불황의 사이클이 없는 복잡계, 주가와 금리의 상관관계가 사라집니다.

다음 장의 표에서는 단순계와 복잡계의 금리 구조 차이를 정리했습니다. 단순계에서 금리는 (+)값의 범위에서 움직입니다. 구성 변수인 경제 성장률과 물가 상승률이 모두 (+)값의 범위에서 움직인다는 가정이 있기 때문입니다. 그렇기 때문에 제로 금리와 마이너스 금리는 비상식적인 결과가 됩니다. 그래서 최근 금리가 제로와 마이너스가 되었을 때 기존의 상식으로는 이해되지 않는 일들이 벌어진 것입니다. 앞서 언급했듯이 자본주의를 설계하는 시점에서 마이너스 금리 상황에 대한 가정이 없었기 때문에, 우리는 생

복잡계의 탄생과 지금, 복잡계를 이해하는 법

각해 보지 않은 현실을 기존의 방식으로 해석할 수 없었습니다.

이 부분의 변화를 가져온 것은 경제가 아닌 새로운 과학 원리입니다. 복잡계 금리 구조에서 만기별 금리의 차이를 만드는 시간 가치는 기술의 발전으로 제로$_0$에 수렴합니다. 이제 시간이 아니라 국채, 회사채, 정크본드 등의 신용도가 높으냐 낮으냐에 따라서 금리는 낮거나 높아집니다. 정부의 정책이 유동성 공급의 확대인지 축소인지, 저금리 정책인지 금리상승 정책인지에 따라서도 금리가 움직입니다.

분류	단순계 금리	복잡계 금리
구성 방식	R(금리)=경제성장률+물가상승률+제반환경 (+값)　　(+값)　　(+값)	R(금리)=시간가치+신용가치+제반환경 (0에 수렴)　(0~+값)　(-~+값)
범위	+3%~+30%	-5%~+15%
제로 금리	존재하지 않음	우량 국채와 회사채에서 나타남
마이너스 금리	존재하지 않음	여러 국가 국채에서 나타남
주요 변수	성장률과 물가 둘 다 중요	신용 가치와 제반 환경이 중요

▲ 단순계와 복잡계 금리의 특성

단순계 금리 구조가 가정하지 않지만, 현실에서는 나타나고 있는 마이너스 금리에 대해 복잡계 금리 구조의 해석을 적용해 보겠습니다. 다음 장의 독일 10년 국채의 장기 차트를 보시면 기술의 발전으로 시간 가치가 '0'에 수렴하고, 독일 정부 채권의 신용은 높기 때문에 신용 프리미엄이 '0'이고, 제반 환경이 유로존 전체의 완화적인 금리 정책의 효과가 '마이너스'로 작용하자 독일 10년 국채의 금리는 마이너스를 보이고 있습니다. 단순계 금리 구조로 설명이 안 되던 마이너스 금리가 복잡계 금리 구조를 반영하면 설명이 됩니다.

$$-0.3675\% = 0\%\text{(시간 가치)} + 0\%\text{(신용 가치)} + -0.3675\%\text{(제반 환경)}$$

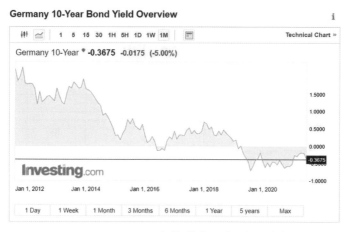

▲ 2021년 7월 1일 기준 독일 10년물 금리 차트(출처: investing.com)

앞에서 설명드린 장단기라는 기간의 중요성이 감소한 부분을 차트로 표시하면 다음과 같습니다. 다음 장의 왼쪽 차트를 보면 단순계에서는 기간이 길어질수록 금리가 높아집니다. 단순계에서는 성장률과 물가라는 구성 요소들이 양의 값을 가지기 때문에 기간이 길수록 기회비용이 높아지기 때문입니다. 그런데 과학 기술의 발전과 구조의 변화로 인하여 시간의 순서대로 진행되는 일들이 지속적으로 줄어들고 있습니다. 시간이 핵심 기준이 아니게 된 것입니다. 핵심이 아니기에 오른쪽 차트처럼 시간 가치가 제로에 수렴하면서 장단기 금리 차이를 줄이는 결과를 가져옵니다.

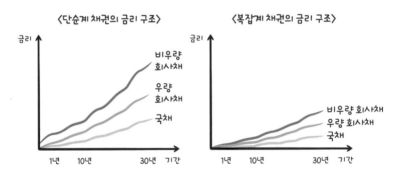

▲ 시간의 가치가 존재하는 단순계 채권 금리, 그렇지 않은 복잡계 채권 금리

우리는 흔히 금리를 돈의 가격이라고 표현합니다. 너무도 많이 풀린 돈의 양을 보면서 '돈이 쓰레기가 되었다Cash is trash'라는 표현도 많이 회자되었습니다. 무엇인가 흔해지는 것은 가치가 떨어진다는 것을 의미합니다. 돈의 가격(가치)이 금리라면 저금리도 그러한 현상일 수 있습니다. 이것은 자연의 법칙입니다. 가격과 가치는

겹치는 점도 있고 다른 점도 있습니다.

이제 돈이 가지고 있던 가치의 많은 부분이 과학 기술로 넘어 갔습니다. 그래서 새로운 구조를 만들거나 어울리는 기술을 가지고 있는 대상에 터무니없어 보이는 밸류에이션을 감수해서라도 돈이 흘러 들어갑니다. 지금은 가치의 개념에 변동이 심한 시기입니다. 그래서 가격과 가치는 과거보다 더 괴리된 개념이 되었습니다. 저는 기존의 금리를 경제 사이클의 움직임에 영향이 큰 '경제적 요인'이라고 생각했었는데 지금은 생각을 바꾸었습니다. 저는 금리가 정부가 발행한 채권의 규모를 유지할 수 있는지 없는지 신뢰 수준을 보여주는 '정치적 요인'을 나타내는 성격이 더 커졌다고 해석합니다.

이번 장의 핵심은 금리의 구조가 바뀌자 기존에 있었던 상관관계가 없어지고, 기존에 없었던 상관관계가 발생하며, 주가와 특정 요인의 설명력과 같은 시장의 중요한 요소들의 범위가 훨씬 커지면서 변화가 극단으로 치닫는 현상이 많아지고 강해졌다는 점입니다.

요약하면 '세상이 복잡해졌다'는 것입니다. 그 이유는 근본적인 작동 원리가 달라졌기 때문입니다.

복잡계의 탄생과 지금, 복잡계를 이해하는 법

과학 & 정치 & 경제가
만드는 복잡계

여러 분야의 관점을 적용해야 한다

———

현재 우리가 살고 있는 세상의 구조는 지난 400여 년 동안 서양의 발전 과정에서 만들어진 방식입니다. 의식주 중에서 입는 옷과 살고 있는 집 모두 서양의 방식을 따랐고 음식의 메뉴에서도 서양의 음식이 차지하는 비중이 높아졌습니다. 표면적인 모습뿐만 아니라 사회 구조와 세계관도 그렇습니다. 그래서 세상을 살아가는 적절한 대응 방법을 만들기 위해서는 그 방식에 대한 적절한 이해가 필요합니다.

복잡계에 대응하기 위해서는 다양한 관점을 동시에 적용하는 것이 하나의 관점을 적용하는 것보다 유리하다는 설명을 지속적으로 드렸습니다. 수많은 관점들 중 현시점에서 제대로 투자 활동을 하기 위해서는 '과학, 정치, 경제' 세 가지 요소에 대한 이해가 필수입니다. 저는 세상의 움직임에 제대로 된 대응을 하려면 세상을 움직이는 현상의 70% 정도는 이해해야 가능하다고 생각합니다. 저는 투자 활동에 영향을 주는 수많은 요소들을 모두 합하여 100%라고 한다면 과학, 정치, 경제를 합한 비중이 90% 정도를 차지한다고 생각합니다. 물론 10%에 해당하는 문학, 스포츠, 철학, 종교 등도 이해하면 더더욱 좋습니다. 나머지 영역은 여러분들 각자의 관심 영역으로 남겨두고 이 책에서는 필수적인 범위인 과학, 정치, 경제를 다루어 보겠습니다.

과학, 정보통신 혁명으로 복잡계의 문을 열다

경기 사이클을 설명드릴 때 미뤄둔 정보통신 혁명부터 알아보겠습니다. 정보통신 혁명은 단순계에서 복잡계로 서양의 과학 원리가 넘어온 근원입니다. 앞서 세상의 구조가 복잡계로 변화한 내용을 설명하면서 일층 버스가 이층 버스가 되었다는 표현을 사용했습니다. 정보통신 기술은 일층 버스였던 물리적 세계를 이층 버스로 만든 중요한 요소입니다.

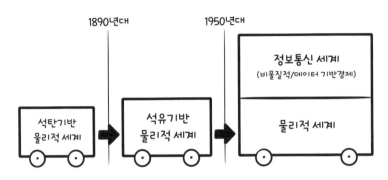

▲ 한 계층 구조에서 두 계층 구조로 확장하는 모습

정보통신 기술은 기존 세계의 확장뿐만 아니라 새로운 구조의 또 하나의 세계를 만들었습니다. 새로운 차원을 열었던 것입니다. 이 새로운 차원은 과거 물리적 세계에 작동하던 원리가 아닌 새로운 원리로 돌아가며, 기존의 물리적 세계의 성격도 크게 바꾸게 됩니다. 이 요인이 단순계에서 복잡계로 변하게 된 가장 핵심적인 요인입니다. 앞부분에서 다루지 않은 이유는 현재의 체계를 설명하는 부분에서 다루는 것이 적당하다고 생각했기 때문입니다. 적당하다고 말씀드렸지만 사실 내용도 많고, 복잡하고, 어렵습니다.

결론부터 말하겠습니다. 결론은 1800년대 중반부터 최근까지 과학자들과 수학자들은 전파와 전기의 원리를 이해하고, 사용 가능한 방식을 알아냈으며, 지속적으로 발전한 디지털 컴퓨터는 이제 인간의 지적 활동과 경쟁하는 수준에 이르렀고, 세상의 구조가 확실한 것이 아니라 불확실한 구조를 가진다는 것을 증명했습니다. 끝! 일단 이 내용만 기억해주십시오.

그래도 정보통신 기술의 역사에서 중요한 인물들과 내용들을 잠시만 훑어보겠습니다. 영국의 물리학자 제임스 클러크 맥스웰James Clerk Maxwell은 맥스웰 방정식을 발표하며 전자기를 파동의 형태를 갖는 수식으로 정리해 전파의 존재에 대해 이론적으로 증명하고 전자기파가 빛과 같은 속도로 진행된다는 점을 설명했습니다.

독일의 물리학자 하인리히 헤르츠Heinrich Hertz는 실험을 통해 전파의 존재를 입증하였고 그 성과는 주파수의 단위로 그의 이름을 사용하는 것으로 기념되고 있습니다.

독일의 물리학자 막스 플랑크Max Plank는 엔트로피와 에너지의 관계를 추적하여 보편상수 h(플랑크 상수)를 도입한 양자론을 전개했습니다.

독일의 물리학자 베르너 하이젠베르크Werner Heisenberg는 사물의 중심에 뭔가 예측 불가능한 기본 요소가 있다는 사실을 받아들이는 불확정성 원리를 최초로 서술했습니다. 그는 모든 물체의 위치

복잡계의 탄생과 지금, 복잡계를 이해하는 법

와 속도를 같은 시간에 정확히 측정하는 것은 불가능하다는 것을 이 원리를 통해 설명했습니다.

오스트리아의 수학자 쿠르트 괴델Kurt Godel은 모든 논리 체계 안에는 확실성을 갖고 답변할 수 없는 문제가 항상 있고, 모순이 존재하며, 오류가 있기 마련이라는 것을 증명했습니다.

제임스 클러크 맥스웰
(1831~1879)

하인리히 헤르츠
(1857~1894)

막스 플랑크
(1858~1947)

베르너 하이젠베르크
(1901~1976)

쿠르트 괴델
(1906~1978)

앨런 튜링
(1912~1954)

▲ 전기자기역학과 양자물리학 분야의 주요 학자들(출처: 위키피디아)

이런 과정을 통해 인간은 정확한 것을 이해할 수 있는 존재가 아니라, 통계적 방법으로 필요한 만큼의 정확성만을 이해하는 존재가 되었습니다. 과거보다 인간은 불안정한 구조를 가지게 되었지만 대신 디지털 컴퓨터라는 훨씬 강력한 도구를 얻었습니다.

인간의 두뇌 구조는 온도계와 속도계처럼 측정만 가능한 아날로그 컴퓨터와 유사합니다. 변화를 해결하기 위해서 다양한 변수를 측정하는 미분 방정식을 사용하는 것이죠. 인간처럼 아날로그 컴퓨터 역시 정확한 측정은 불가능합니다. 변화하는 변수를 측정하는 과정에서 측정 장비도 그 변화에 영향을 받기 때문입니다.

그런데 디지털 컴퓨터는 이런 결함이 없습니다. 현상을 '측정하는 것'이 아니라 0과 1, 단지 두 가지 숫자만을 사용하여 '계산하기' 때문에 모호하지 않은 명료한 계산이 가능합니다. 영국의 수학자 앨런 튜링Alan Turing은 이론상으로 디지털 컴퓨터가 모든 아날로그 컴퓨터 작업을 수행할 수 있다는 점을 증명했습니다. 그리고 이를 통해 인간 정신과 구별이 불가능한 디지털 컴퓨터인 튜링 머신이 설계될 수 있음을 증명하며 인공지능의 가능성을 열었습니다.

자! 더 들어가면 어려워지니 여기서 그만하겠습니다. 요약하자면 '세계의 구조는 불확실해졌고, 불확실한 세계에서 컴퓨터로 할 수 있는 것은 더 많아졌다'는 내용입니다. 이를 요약해서 짧게 설명하는 것은 불가능하기에 시도조차 하지 않겠습니다. 적절한 설명을 위해서는 최소한 책 한 권의 분량이 필요한 주제입니다.

컴퓨터는 인간이 지능을 가지고 하는 많은 일들을 더 효율적으로 해가고 있습니다. 이 상황에서 인간이 나아갈 수 있는 방향은 두 가지입니다. 하나는 지식의 단계를 넘어서 지혜의 단계로 나아가는 일입니다. 복잡계를 살아가려면 지식을 넘어선 지혜가 필요합니다. 같은 방향으로 한 단계 더 나아가는 방식입니다. 다른 하나는 기계가 (아직은) 대체할 수 없는 감성을 키워 감정의 활동 영역을 키우는 것입니다. 다른 방향의 해결책이라고 할 수 있겠습니다. 이 방법은 복잡계 투자에서는 과거보다 센티멘트(심리, 감정)를 잘 활용해야 한다는 주장의 근거가 됩니다

정치, 기득권을 교체하며 변화한 세계의 체제

———

이제 정치 측면을 살펴보겠습니다. 17세기까지 서양은 종교가 지배하는 시대였습니다. 하지만 이미 15세기부터 인간의 지성은 세계와 우주가 움직이는 원리를 더 이해하게 되었고 기존의 종교 중심 세계관이 잘못되었다는 것을 알고 있었습니다. 하지만 기득권이 교체되는 데에는 어느 정도의 기간과 사건이 필요하죠.

종교와 과학의 대립으로 유명한 일화인 '그래도 지구는 돈다'는

주장은 그때까지 몰랐던 사실을 처음으로 표현한 내용이 아닙니다. 이미 그 시점에 종교계와 사회의 지도층에서는 지구가 아니라 태양이 우주의 중심이라는 것을 알고 있었습니다(물론 태양이 우주의 중심이라는 그때의 생각은 지금 유효하지 않습니다).

▲ 천동설과 지동설에 대한 상반된 입장 차이

다만 지배층은 이러한 사실이 대중에게 알려져서 혼란이 발생하는 것을 원치 않았고 자신들만 지속적으로 이러한 지식을 독점했습니다. 갈릴레오가 이 지식을 대중에게 가르치고 출판한 것이

복잡계의 탄생과 지금, 복잡계를 이해하는 법

문제가 된 것이었죠. 사실 그가 활동했던 베네치아 공화국은 로마 교황청으로부터 독립을 주장하고 있었습니다. 그렇기 때문에 지구가 태양 주위를 돌고 있다는 코페르니쿠스의 주장이 옳다는 내용의 책이 출판될 수 있었습니다. 자신의 연구 결과와 철학적 진리에 대한 큰 확신이 있었던 갈릴레오는 1615년에 사람들의 환대를 받으며 로마로 돌아왔습니다. 이해관계 충돌이 자명했던 교황청 인사들까지 환대를 해주자 그는 자신이 안전하다고 착각했고, 이후 자신에 대한 태도가 변하는 교황청을 미처 파악하지 못한 채 태양이 우주의 중심이라고 외치고 다녔습니다. 그래서 갈릴레오는 결국 종교재판에 회부된 것입니다. 하지만 누구도 장기적으로 진실을 가릴 수 없습니다.

당시 '천동설'을 부정하고 '지동설'을 주장한 종교계처럼 적절하지 않은 세계관으로 세상을 지속적으로 지배하는 것은 불가능합니다. 결국 1648년 베스트팔렌 조약으로 국가 주권 개념에 기반을 둔 새로운 질서가 자리잡게 되면서 민족국가라는 새로운 시스템이 종교의 힘을 대체하게 되었습니다. 종교의 자유가 허용되었고, 이제부터 자신의 결정에 따른 결과를 신과의 관계로 설명하는 것이 아니라 스스로 책임져야 하는 사회가 되었습니다. 뉴턴과 라이프니츠의 새롭고 중요한 과학 원리들은 이러한 세상을 해석하고 새롭게 만들어가는 기준이 되었습니다.

불확실성을 부정하는 서양 종교에서 정치로 사회를 움직이는 힘의 주체는 변화했지만, 소수의 중심 권력이 다수의 구성원을 착취하는 방식은 달라지지 않았습니다. 시간이 흐르면서 국가 권력의 장점보다 지나치게 집중화된 권력 구조에 대한 불만이 증가했습니다. 그러한 불만은 처음에는 암시적으로 표현되다가 결국 사회 체제를 변화시키는 사건으로 이어집니다. 18세기 프랑스에서는 지배층과 부자들이 키우는 고양이를 사람들이 죽이는 일들이 늘어납니다. 일명 '고양이 대학살'로 알려진 이 사건은 시민들이 지배층에 가진 불만을 표현하는 방식이었습니다. 결국 사회의 불만은 프랑스 시민 혁명(1789)으로 이어졌고, 이는 절대왕정이 무너지고 개인의 중요성이 증가하는 사회 방향으로 나아갔습니다.

역사 왜곡까지 언급할 문제는 아니지만 프랑스 시민 혁명의 시발점이 된 바스티유 감옥 습격 사건은 사실 과장된 면이 있습니다. 실제로 그날 감옥에 있던 죄수들은 성추행범과 정신착란증세를 보이는 노인을 포함해서 일곱 명뿐이었습니다. 감옥을 습격했다는 혁명의 상징성이 된 바스티유 감옥 습격 사건은 사실은 감옥 안에 저장된 무기와 화약을 탈취하기 위한 실용적인 목적이 더 컸습니다. 상징성을 위한 MSG는 버라이어티 토크쇼도 따라가기 힘듭니다.

혁명 당시 개인의 중요성이 부각된 이유에는 여러 가지가 있습

▲ 「바스티유 감옥 습격」(장 피에르 로랑 올. 프랑스 국립 도서관 소장)

니다. 당시 증기기관의 발명으로 대규모 공장이 늘어나면서 공장 노동자에 대한 수요가 증가하는 상황이었지만 유럽의 인구는 콜레라, 천연두 등의 전염성 질병의 창궐로 감소했습니다. 노동력에 대한 수요는 증가하는데 공급은 감소한 것입니다. 필요하지 않은 것에 사회적 가치가 높아지는 경우는 없습니다. 그리고 자신들의 사회적 가치가 올라가고 있다는 것을 감지한 세력은 기존의 불합리함을 참지 않습니다.

꼬리에 꼬리를 무는 변화와 어려움을 산업과 의학의 발달로 이겨내며 지속적으로 성장한 유럽은 강해진 그들의 힘을 외부로 확장했고 이에 전례 없는 해외 영토 확장 경쟁인 신제국주의 시대가 도래합니다. 영토, 자원, 노동력을 착취하기 위해 식민지를 건설한 제국들의 정책은 국가들 사이에서 문제로 쌓여갔고, 결국 1914년 제1차 세계대전이 발발합니다. 전쟁으로 인해 독일 제국, 오스트리아-헝가리 제국, 러시아 제국, 오스만 제국 등 주요 제국들이 해체되며 전 세계 주요 정치 권력의 숫자는 줄어들게 됩니다.

제1차 세계대전은 전쟁의 종료라고 표현하기 애매한 여러 가지 묵직한 잠재 요인들을 남기고 봉합되었습니다. 독일은 베르사유 조약으로 식민지들을 모두 내놓음에 따라 지독한 가난과 배상금에 시달렸습니다. 승자가 패자에게 퇴로를 주지 않았던 것입니다. 이는 히틀러가 집권하는 사회적 분위기가 조성되는 데 일조합니다.

이탈리아는 승전국이었으나 얻은 것이 없었습니다. 이런 내부의 불만을 수습하기 위해 결국 무솔리니에 의한 파시스트 정권이 수립됩니다. 미국의 제안으로 전쟁 방지와 평화를 위해 국제 연맹이 설립되었으나, 의회의 반대로 정작 미국은 가입하지 않게 됩니다. 이러한 여러 분쟁의 씨앗은 결국 제2차 세계대전으로 이어집니다. 이 전쟁은 역사상 가장 많은 인명 피해(전사자 약 2500만명, 민간인 희생자 약 3000만명)와 천문학적인 재산 피해를 남긴 가장 파괴적인 전쟁으로 기록됩니다. 그래도 다행입니다. 인간은 성공으로 인해 새로운 위험의 싹을 키우지만, 과오를 통해서 개선점도 만들어 냅니다.

　세상의 구조는 양면성을 가집니다. 제2차 세계대전의 마무리는 세계를 미국과 소련을 축으로 하는 '민주주의+자본주의 vs. 사회주의+공산주의' 진영으로 양분했습니다. 우리가 다루고 있는 주제인 단순계와 복잡계라는 방식으로 두 체제를 바라보면 무척 흥미롭습니다. 단순계는 복잡계보다 이해의 범위가 좁은 방식입니다. 두 진영의 정치 체제에서 사회주의와 공산주의의 조합은 닫힌 구조인 단순계입니다. 이러한 구조가 복잡계의 구조를 이해하고 그에 적응하는 방식을 사용한 민주주의와 자본주의의 조합에 밀려나는 것은 너무도 당연한 일이었습니다.

　사회주의는 민주주의에 비해서 인간의 본성에 어울리지 않는 시스템입니다. 많이들 민주주의는 인간의 이기심을 바탕으로 설계되었고, 사회주의는 이성적 유토피아를 추구하는 방식으로 설계되었기 때문에 인류의 본성에는 민주주의가 적합하다고 말합니다. 저는 이에 일정 부분은 동의하고, 일정 부분은 동의하지 않습니다.

　사회주의 체제의 계획 경제하에서는 내가 일하지 않아도 돌아오는 것은 똑같다는 생각으로 많은 사람들이 일을 하지 않는다고 설명합니다. 제 생각에는 이 점도 이기심을 바탕으로 한 행동입니다. 민주주의는 이기심을 활동을 늘리는 방향으로 설계했고, 사회주의는 이기심을 활동을 줄이는 방향으로 이끌었다는 차이점이 있는 것입니다. 이기심이 두 체제 중에서 한 체제에만 작동한 것이 아니라 두 체제에서 다른 방식으로 작동했던 것입니다. 열린 사회 구조로 다양성을 키우는 사회가 그렇지 못한 사회보다 경쟁력이 있고 오랫동안 생동감 넘치게 존재한다는 사실을 역사는 꾸준히 우리에게 알려줍니다.

앞서 단순계에서는 균형을 시스템이 안정된 상태라고 생각하고, 복잡계에서는 죽음의 상태로 생각한다고 말씀드렸습니다. '살고자 하면 죽을 것이요, 죽고자 하면 살 것이다'라는 격언은 무언가 피하지 않고 맞서는 자세를 강조한다는 측면에서 복잡계의 삶에 어울리는 격언입니다.

사회주의와 민주주의의 체제 경쟁은 1989년 동서독의 통일과 1991년 소련 미하일 고르바초프의 사임으로 민주주의의 승리로 끝나게 됩니다. 이는 더 넓은 범위의 복잡성을 다루는 구조가 결국 승리하는 것을 의미합니다.

모든 것은 고도화되면 숫자가 줄어들고 사람들의 시선에서 잘 띄지 않는 구조를 가지게 됩니다. 주변을 둘러보십시오. 이제는 도심에서 거의 사라졌지만, 전봇대가 처음 도입되었을 때는 빨간색

복잡계의 탄생과 지금, 복잡계를 이해하는 법

으로 칠해졌습니다. 전기가 들어온다는 것을 자랑하고 싶었던 것이죠. 그런데 이제는 눈에 잘 띄지 않는 검정색이 되었습니다. 과거에 공중전화박스는 사람들에게 위치를 알려줄 필요성도 있었겠지만 휴대폰이 일상화되기 전까지 가진 높은 중요성 때문에 눈에 잘 띄는 방식으로 설치되었습니다.

◀ 기술이 고도화되고 중요성이 감소하면 시선을 끌지 않는 모양으로 변화한 공중전화박스

　　정치도 고도화되는 과정에서 꾸준하게 주요 국가들의 숫자가 감소했고 이제는 미국 하나의 강대국만 남는 구조가 되었습니다. 힘의 축이 하나가 되자 미국은 로마 제국이 세계를 제패했을 때 사용하던 '팍스 로마나Pax Romana'의 문법을 사용한 '팍스 아메리카나Pax Americana'라는 용어로 자신을 정의합니다. 영어식 표기로는 '아메리카의 평화American Peace'입니다. 당시 전 세계는 신자유주의 이론으로 누구에게나 평등한 경쟁이 주어진다는 '세계는 평평하

다'는 슬로건을 등에 업고 유례 없는 활동량을 보이며 세계화 과정이 진행되고 있었습니다. 미국적 이상 사회를 표현하던 '아메리칸 드림American Dream'은 미국만의 구호가 아니라 전 세계의 구호가 되었습니다.

하지만 인간이 아무리 특별함을 주장한다고 하더라도 자연의 일부인 인간이 자연의 법칙을 거스를 수는 없습니다. 달은 차면 기웁니다. 확실성을 강조하던 '세계는 평평하다'는 주장은 그리 오래지 않아서 불확실성을 강조하는 '세계는 평평하지 않다'로 바뀝니다. 전 세계에서 경제, 정치, 과학 측면에서 우위를 차지했던 미국은 우주로의 진출도 잠시 꿈꿨지만 아직은 이른 단계임을 인정하고 금융 경제를 키워가는(부채를 늘려가는) 것을 선택합니다. 하지만 그 결과 2008년 미국의 서브프라임 사태라는 분기점을 가져옵니다.

◀ 확실성의 구조와 불확실성의 구조의 차이를 단적으로 보여주는 『세계는 평평하다』(토머스 L. 프리드먼, 창해, 2005)와 『세계는 평평하지 않다』(데이비드 스믹, 비즈니스맵, 2009) 표지

복잡계의 탄생과 지금, 복잡계를 이해하는 법

세계 최강 대국 미국의 어두운 그림자가 드러나자 그간 수면 아래서 힘을 비축하던 새로운 축의 후보가 사람들의 시선을 끌기 시작합니다.

중국의 부상과 미중패권 전쟁

새로운 축의 후보자는 누구일까요? 모두가 예상하시는 대로 바로 중국입니다. 1970년대에 중국은 시장 경제에 바탕을 둔 사회주의를 표방하며 글로벌 체제에 다시 합류합니다.

시작은 스포츠였습니다. 중국은 1971년 나고야 세계탁구 선수권대회에 출전한 15명의 미국 선수단을 중국에 정식 초대했습니다. 이른바 핑퐁 외교의 시작이었죠. 이들은 중국 공산당 정권이 설립된 이래로 공식적으로 중국을 방문한 최초의 미국인이었습니다. 경기에서는 미국이 패했습니다. 뭐, 아시다시피 중국분들이 한 탁구 하시잖아요. 그런데 당시 미국 대표팀 주장은 한국인 이달준 선수였습니다. 당시 그는 북한과 중국을 적국으로 규정하던 모국 한국인의 입장에서 자신이 중국의 정치 선전에 이용되는 것을 우려했고, 나고야에서 중국으로 가지 않고 한국으로 돌아왔습니다.

초대된 미국 선수단은 저우언라이(1898~1976) 총리와 면담을 가

◀ 중국의 저우언라이 총리와 미국의 키신저 특별보좌관. 당시 만찬 요리였던 오리구이의 명성이 세계적으로 커지는 데도 중요한 사건이었습니다.

지게 되었고 이를 계기로 20여 년간 중단되었던 미국과 중국의 교류가 다시 시작됩니다. 이후 헨리 키신저 미 국가안보담당 보좌관이 극비리에 중국을 방문해 1972년 닉슨 대통령의 중국 방문을 연결했고, 1979년에 두 국가는 수교를 맺었습니다. 중국을 이해하는 데 매우 좋은 참고서인 헨리 키신저의 회고록 『중국 이야기』(민음사, 2012)에는 저우언라이와의 일화가 많이 소개되어 있습니다. 저는 이 책을 읽고 어떻게 한 인물에 대해서 이렇게 극찬 위주의 기억을 가질 수 있는지 좀 놀라웠습니다. 저우언라이가 사망하자 역사상 처음이자 마지막으로 유엔 본부에 그를 추모하는 조기가 게양되기도 했습니다.

이제 중국의 시스템은 '사회주의+공산주의'에서 '(중국식)사회주의+(중국식)자본주의'로 변화합니다. 1989년 천안문 사태로 잠시 중단되었던 중국의 개혁 개방은 1992년 다시 속도를 높였고 그 결과 세계의 공장이라는 칭호를 얻게 됩니다. 중국은 매우 빠른 속도로 성장했지만, 1990년대 까지만 해도 국제 사회에서 갖는 위상은 높지 않았습니다. 그렇다면 중국이 지금의 위상을 가지게 된 변화의 시점은 언제였을까요?

누군가의 불행은 누군가의 행운일 수 있습니다. 누군가의 쇠퇴는 다른 누군가에게는 굴기崛起의 사건이 됩니다. 2000년대 초반부터 시작된 미국의 초저금리 경기부양책은 결국 주택담보대출인 서브프라임 모기지 문제를 터트립니다. 미국인들이 중요하게 생각하는 야구로 따지면 이기고 있던 경기에서 선발 에이스가 3회에 7점을 내준 상황이 된 거죠. 감독은 구원 투수가 필요해졌습니다. 자! 이제 좀 오래되었지만 세계 최강의 강대국도 해봤고, 안이한 방식으로 국가를 운영하다가 치욕적인 무시도 당해봤고, 다시 여러 가지 복잡한 상황을 심기일전으로 헤쳐 나가며 어느 정도 자리를 잡게 된 잠룡潛龍이 등판합니다.

이때 중국은 위기에 빠진 글로벌 투자 은행들에게 중국의 국부 펀드를 통해 자금을 지원하며 해결사 역할을 하게 됩니다. 이후 제1차 세계대전의 잠재 요인이 제2차 세계대전으로 이어졌던 것처럼 2008년 위기에서 마무리될 수 없는 문제들은 2011년 다시 유럽 재정 위기로 나타납니다. 여기서 다시 한번 중국은 중요한 해결사 역할을 담당하면서 헤게모니적 움직임을 강화합니다. 이제 중국은 누가 보아도 미국의 상대로 올라서게 됩니다.

중국이 부상하는 과정에서 미국은 다양한 문제점의 노출과 누적을 경험합니다(물론 최강대국의 자리에 오르는 과정에서 부득이하게 일어난 부분들이 많았습니다. 여기서는 문제점을 중심으로 설명하겠습니다). 미국은 자본주의 진영과 공산주의 진영의 대리전 양상이었던 베트남 전쟁에 1965년에 참전하여 엄청난 규모의 첨단 대량살상무기까지 사용했지만 패배했고, 1973년 미국 내의 반전 운동만 촉발시키는 등 미국의 국제적 군사 개입의 정당성은 타격을 입게 됩니다.

1980년대 후반 동서독의 통일로 미국은 체제 경쟁의 승자가 되었지만, 1987년 10월 19일 미국 금융시장이 경험한 블랙먼데이Black Monday 사건은 미국이 이끌어나갈 세계가 이전보다 무척 복잡해진 세상이라는 것을 단적으로 보여줍니다. 당시 서독은 인플레이션에 대응하기 위해서 금리를 인상했고, 이에 미국은 달러의 가치를 유지하기 위해 연달아 금리인상 정책을 실시했습니다. 이러한 정치경제적 복합적인 요소들이 금융공학적 접근 방식의 컴퓨터 매매와 혼합되면서 홍콩에서 시작하여 유럽과 미국의 금융시장에 도미노 폭격을 가했습니다. 블랙먼데이 사건을 설명할 다른 여러 가지 이유들도 존재합니다. 당연합니다. 이제 복잡해진 세상에서 정확한 인과관계와 상관관계는 찾을 수 없거나 찾기 어려워졌기 때문입

복잡계의 탄생과 지금, 복잡계를 이해하는 법

니다.

이후 정보통신 기술의 발전은 미국을 세계의 중심으로 만들고, 새로운 영역으로의 확장으로 이끌었습니다. 하지만 반대로 기술 발전이 주는 정보의 효용성 증가와 분산 시스템에 대한 이해의 필요성도 증가시켰죠. 이는 미국이 글로벌 헤게모니를 유지하는 데 정치적으로 더욱더 어려운 구조를 만들었습니다.

산적한 문제들을 대응하는 과정에서 앞에서 언급했듯이 현재 미국은 과거와는 완전히 다른 새로운 방식의 유동성 정책을 사용하고 있습니다. 이 정책의 결론은 아직 우리가 보지 않았습니다. 불확실성의 증가를 이야기하는 제가 이렇게 얘기하는 것이 다소 모순적으로 느껴질 수 있지만 저는 이러한 정책이 세계를 더욱더 복잡하게 할 것이라고 '확신'합니다.

그래도 외부의 문제는 내부의 문제에 비하면 식은 죽 먹기입니다. 현재 미국의 내적 모순은 매우 큽니다. 인류가 만들어온 정치 시스템이 지금만큼 발전하지 못했다면 미국에서 최근에 있었던 2011년 월스트리트 점령 운동Occupy Wall Street, 2017년 트럼프라는 새로운 성향의 대통령 등장, 2021년 국회의사당 점거 폭동 등은 사회를 운용하는 체계의 오류를 발생시켰을 확률이 큽니다.

경제학자 브랑코 밀라노비치Branco Milanović 교수는 미국의 중하층은 국내에서도 소득 분배에 극단적인 열위에 놓였고, 국제적으로도 성장하는 국가들의 맹렬한 추격에 위협을 느끼고 있다고 말합니다. 아래의 차트는 전 세계 소득에서 국가가 차지하는 비중과 실질 소득에 따른 소득 증가율이라는 두 가지 기준으로 작성되었습니다. 이때 국가의 소득 수준과 실제 소득 증가율이 비례하는 모습이 아니라, 상위 75~85%를 차지하는 미국의 중하류층이 매우 낮은 소득 증가율을 보이는 모습을 보여줍니다. 이 모양이 코끼리의 모습과 닮았다고 해서 '코끼리 곡선'이라고도 불립니다.

미국의 중하류층은 자신들보다 높은 소득층은 따라잡기가 불가능해지고, 낮은 소득층에게는 빠르게 추격당하고 있는 상황입니다.

▲ 전 세계 계층별 소득 증가율을 보여주는 코끼리 곡선, 가로축은 왼쪽부터 오른쪽으로 갈수록 부유한 계층을 의미하고 세로축은 실질 소득 증가율을 의미합니다(출처: 위키피디아 커먼즈)

복잡계의 탄생과 지금, 복잡계를 이해하는 법

그런 열악한 상황을 개선하고자 하는 욕망이 트럼프 대통령 당선이라는 현상을 촉발한 것입니다.

2016년 트럼프 대통령 당선은 미국의 지도층에게는 자존심에 상처를 낸 이벤트였습니다. 결국 2021년 조 바이든이 대통령에 당선됐고, 이 선거 결과에 불복한 트럼프 지지자들의 의사당 난입 사건으로 트럼프 정부의 대단원의 막이 내렸습니다. 하지만 저는 트럼프 대통령이 미국에게는 행운이었다고 생각합니다. 미국은 위기의 순간에 어마어마한 캐릭터를 가진 트럼프 대통령이라는 메기를 얻었습니다. 트럼프 대통령이 만들어준 '메기 효과(막강한 경쟁자의 등장이 다른 경쟁자의 잠재력을 발휘하게 하는 것)'로 긴장감이 떨어졌던 지도층은 경각심을 되찾았습니다. 이보다 더 좋은 옵션이 미국의 입장에서 있었을까요?

미국은 아직 운이 따르는 국가입니다. 그렇기 때문에 현재 진행되고 있는 미중의 기술패권 전쟁은 쉽사리 결론이 나지 않을 것으로 보입니다. 강한 미국은 긴장감을 되찾았습니다. 그리고 강해지고 있는 중국은 역사상 가장 조심스럽고 진지하게 이 상황에 대응하고 있습니다.

이제부터 패권 경쟁은 무력 경쟁이 아니라 지력 경쟁입니다. 무력 경쟁에서는 무모함이 어느 정도의 기능을 하기도 합니다. 무모함이 용감함이라는 결과를 가져오기도 했죠. 하지만 지금은 핵무기의 시대입니다. 전쟁이 시작되었을 때 너무나 처참한 결과가 예상되기에 누구도 시작할 수 없고, 해서도 안 되는 상황인 것이죠.

대규모 전쟁이 불가능한 상황에서 전 세계는 기술의 패권을 차지하기 위한 경쟁을 하고 있습니다. 데이터 기반의 경제 구조와 양자물리학의 발전이라는 기술 개발 경쟁에서 무력과 격한 감정은 적절한 사용처가 없습니다.

이제 미중 기술 전쟁의 핵심은 바로 양자물리학 분야입니다. 양자물리학이라는 새로운 과학 분야에서 두 나라 모두 선두에 서고자 치열한 경쟁을 벌이고 있습니다. 양자물리학은 비물질적(파동적) 성격과 모든 것들이 분리된 것이 아니라 연결되어 있다는 이해의 방식을 수학적으로 구성해야 하는 학문입니다. 어쩌면 비물질적 사고와 부분보다 전체에 대한 중요성을 높게 여기는 동양 사람들에게 유리한 학문입니다. 실리콘밸리의 주요 인사들이 인도 출신인 이유도 양자물리학적 세계관에 가장 가까운 힌두·불교 문화권 중에서 미국과 관계가 가장 유기적이고, 구구단을 19단까지 외우는 것으로 유명한 인도인들의 수학적 능력 때문이라고 생각합니다. 인도인들을 필두로 많은 아시아계 사람들이 실리콘밸리에서 두각을 나타내고 있습니다.

복잡계의 탄생과 지금, 복잡계를 이해하는 법

이름	순다르 피차이	사티아 나델라	산타누 나라옌	니케시 아로라
학부(전공)	인도공과대 (금속공학)	망갈로르대 (전기공학)	오스마니아대 (전자통신학)	바나라스힌두대 (전기공학)
현 직책	알파벳 CEO (2019.12~)	마이크로소프트 CEO (2014~)	어도비 CEO (2007~)	펠로엘토네트웍스 CEO (2018~)

▲ 실리콘밸리를 주름잡는 인도계 CEO들(출처: 위키피디아)

힌두·불교 문화권의 세계관을 대표하는 표현 중에 우리에게 익숙한 표현으로 색즉시공공즉시색色卽是空空卽是色라는 말이 있습니다.

'물질적 현상에는 실체가 없으며, 실체가 없기 때문에 바로 물질적 현상이 있게 된다. 실체가 없다고 하더라도 그것은 물질적 현상을 떠나 있지는 않고, 물질적 현상은 실체가 없는 것으로부터 떠나서 물질적 현상인 것이 아니다. 이리하여 물질적 현상이란 실체가 없는 것이다. 대개 실체가 없다는 것은 물질적 현상인 것이다.'

양자물리학에서 물질이 입자와 파동의 성격을 함께 가지고 있는 상태가 바로 색즉시공공즉시색의 상태입니다. 이런 생각 구조를 수천년 동안 이어온 사람들과 세상을 분리를 통해서 이해해온 사람들은 출발점에서 차이가 클 수밖에 없습니다.

이런 상황에서 아시아계 사람들의 진출은 가뜩이나 사회적으로 피해의식을 느끼고 있는 미국의 중하층 시민들에게 눈엣가시로 보일 것입니다. 미국은 1870년대 들어 경기가 나빠지면서 일자리를 구하기가 어려워지자 1882년 중국인의 이민을 막고 시민권을 주지 않기 위한 중국인 배제법Chinese Exclusion Act을 만들었습니다. 1942년에는 일본계 미국인 12만 명을 수용소에 강제로 가두기도 했습니다. 그리고 최근에는 아시아인을 대상으로 한 증오 범죄가 늘어나고 있습니다. 세 가지 시점의 공통점이 보이십니까? 바로 기술 혁신으로 사회 변화가 가장 컸던 시점들입니다.

이처럼 구조를 이해하면 현상들의 진짜 이유를 볼 수 있습니다. 기술의 변화에 적응하기 어려운 사람들의 불만은 증가하고 그들은 이 불만을 남의 탓으로 돌리기 쉽습니다. 그나마 육체 노동을 하던 1882년에 중국인들은 사회적으로 가장 낮은 계급이었습니다. 제2차 세계대전 때도 아시아인의 사회적 지위는 올라가지 않은 상황이었습니다. 그런데 지금은 상황이 다릅니다. 인도를 포함한 아시아 사람들이 세계 유수 기업의 CEO와 핵심 인력을 다수 차지하고 있습니다. 이런 상황에서 미국의 중하층은 고난도의 과학 기술

복잡계의 탄생과 지금, 복잡계를 이해하는 법

변화에 압박감을 느끼고 있고, 당혹스럽게 이제는 수학까지 이해
해야 한다는 압박도 받고 있습니다. 미치고 환장換腸하는 거죠. 백인
주류 사회도 따라가기 어려운데 미국의 대다수 사람들이 어떻게
이걸 해내겠습니까? 그러니 그 불만이 아시아인 전체에 대한 인종
차별로 확산되고 있는 것입니다. 어쩌면 인종시기人種猜忌라는 표현
이 더 적절할지도 모르겠습니다.

그렇기에 구조상 지금은 과거의 어느 때보다 인종차별이 심
각한 문제가 될 수 있는 여러 가지 이유가 있습니다. 미국에 거주
하는 한국인 분들의 안전과 안녕을 기원합니다. 기존에 미국인들
은 자신들이 가장 우월하다는 인식이 강했기 때문에 외국인 혐오

가 강하지 않았습니다. 외국인보다는 내부의 이슈에서 문제가 되는 경우에 더 증오를 표현했습니다. 하지만 과거보다 자신감을 잃은 지금의 상태에서의 혐오는 어느 때보다 우려됩니다. 국가적, 인종적 차이를 넘어서는 인류 차원의 도덕적 성숙만이 근본적인 문제 해결이 될 수 있습니다. 이때 불만의 크기가 클 수밖에 없는 중하층 시민들에게 재정적 지원을 강화하는 것은 어느 정도 문제를 완화시키는 데 도움이 될 것입니다. 그래서 저는 소득 분배 정책을 강화하는 미국 정부의 움직임을 다행스러운 눈길로 보고 있습니다. 곳간에서 인심나는 것이니까요.

다시 미중 경쟁으로 돌아가겠습니다. 20세기 후반은 세계화가 고도로 진행되면서 더 넓은 지역이 긴밀한 관계로 연결된 구조로 세계가 운영되었습니다. 지금보다 단순계 구조였던 20세기의 세상은 미국이라는 하나의 축으로 전 세계가 연결되어 있었죠. 하지만 앞으로 21세기 복잡계 구조의 세계 질서는 미중 패권 경쟁의 결과로 미국과 중국이라는 두 축으로 분리될 가능성이 높은 상황입니다.

물리적 환경은 과거 단일한 세계화 구조에서 미국과 중국이라는 두 개의 축을 가지는 양극화 구조를 가지게 되겠지만 정보통신과 가상 현실 등 새로운 차원의 연결망은 세계를 하나의 구조로, 더욱더 다양한 층위로 연결할 것입니다(사실 이 생각은 낙관적 전망을

복잡계의 탄생과 지금, 복잡계를 이해하는 법

바탕으로 합니다. 정보통신 세계의 차원에서도 전 세계가 하나의 구조가 아니라 축으로 분리된 상황이 발생할 가능성을 배제할 수는 없습니다).

물리적 구조에 있어서는 지역 통합 현상이 커질 것으로 보입니다. 크게 아시아·아메리카·유럽의 구조가 되고 대량 맞춤 생산, 로보틱스, 공장 자동화, 3D 프린팅 등의 기술을 통해 지역별 생산·소비 구조를 만들 것입니다.

세계의 축은 하나에서 두 개로 변화하고 있습니다. 그렇다면 미국과 중국 사이에 껴 있는 유럽은 어떤 성격을 가지게 될까요? 유럽의 지역적 성향은 게임의 룰을 정하고rule setting 심판의 역할을 하는 것입니다. 미국 이전에 시대의 축이었던 경험과 지식을 바탕으로 새로운 세계 구조의 방식을 제안하는 역할입니다. 앞서 말씀드렸던 주변부가 중심부에 할 수 있는 여러 가지 기능들 중에서 상당히 의미 있는 기능이라고 할 수 있습니다.

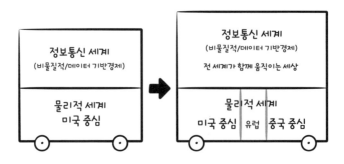

▲ 물리적 세계와 정보통신 세계의 변화

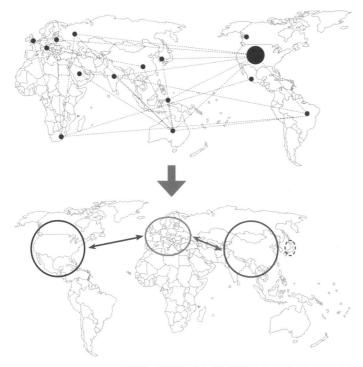

▲ 미국이라는 하나의 축에서 미국과 중국이라는 두 개의 축 구조로 변화 중, 유럽은 심판 역할을 수행합니다.

이런 커다란 변화가 부드럽게 진행되는 것은 극도로 어렵습니다. 2018년 미중 무역 전쟁은 미국이 340억 달러 규모의 중국 수입품에 25%의 관세를 부과했고, 중국이 이에 대한 보복 조치로 미국산 제품에 똑같은 규모로 25% 보복 관세를 부과하면서 시작되었습니다. 당시의 분쟁은 미국의 이해관계 차원에서 진행된 부분과 트럼프 정부의 독자적인 이해관계 차원에서 진행된 부분이 공존했습

복잡계의 탄생과 지금, 복잡계를 이해하는 법

니다. 앞서 미국 내부의 문제에서 언급했듯이 미국 중하층의 어려움과 민감함을 활용한 것이 트럼프 선거 전략의 핵심이었기 때문입니다. 한마디로 이야기하면 각본 있는 드라마였습니다.

그럼에도 불구하고 미중간의 분쟁은 필연적이고 더욱더 커질 수밖에 없다는 방향성을 많은 사람들이 예측했기에, 2018년에 있었던 중국계 미국인 물리학자 장서우청 교수님의 갑작스러운 사망은 수많은 음모론을 만들었습니다. 사람들의 관심과 상상이 너무도 커지자 가족들이 나서서 공개적으로 사망 원인을 우울증에 의한 자살이라고 설명했지만 미중관계라는 프레임으로 이 사건을 바라보는 분위기는 쉽게 가시지 않았습니다. 언제나 인간은 사실이 아니라 해석을 받아들이니까요. 치열한 경쟁이 벌어지고 있는 분야에서 벌어진 뜻밖의 사건은 여러 가지 해석을 낳았습니다.

미국 정부가 민주당 정권으로 교체되면서 일부 사람들은 미국과 중국의 분쟁이 줄어들 것이라 생각합니다. 하지만 이제부터 본 게임의 시작입니다. 미국의 이해관계와 중국의 이해관계는 명확한 대치 구간에 들어선 것이죠.

미국은 할 수 있는 모든 수단을 동원하여 중국에 전방위적 태클을 걸고 있고, 주변국들에게도 미국의 편에 설 것을 종용하고 있습니다. 중국은 아직 국제 정치의 입지가 약한 상황이라 조심스럽고 또 조심스럽게 자유무역 추구, 국가 간 상호 호혜주의 추구와 같은 전 세계의 가치에 부합하는 입장을 내세우며 분쟁의 핵심인 과학 분야와 경제 분야 발전에 힘을 쏟고 있습니다.

중국은 긴 역사와 큰 땅을 가진 국가입니다. 이 점은 러시아와 중국의 공통점입니다. 그래서 다른 어느 나라도 비슷하게 사용할 수 없는 전략적 수단과 경험이 있습니다. 바로 상대의 공격을 자신 의 땅 안쪽까지 끌고 들어와서 상대가 지치고 불안해졌을 때 공격 하는 방법입니다. 상대의 내적 복잡성(계층 갈등, 세대 갈등 등)이 크 게 증가해서 부정적으로 작용할 때까지 끈기를 가지고 기다리는 것이죠. 일반적인 싸움에서 선제 공격이 유리하다고 하는 것과 반 대의 전략입니다. 중국은 경제 정책도 확장이나 성장이 아닌 안정 적인 통화 정책을 우선적으로 다루고, 사회 전반적인 영향이 큰 부 동산 정책을 보수적으로 운영하면서 단단함을 키우고 힘을 비축하 고 있습니다. 과거의 전쟁으로 빗대면 진지를 구축하거나 성벽을 관리하는 모습입니다.

우리는 어느 나라보다 미중 관계의 영향을 크게 받는 국가입니 다. 고래 싸움에 새우 등이 터질 것인지, 양측의 러브콜을 동시에 받을 수 있는지가 관건입니다. 좋은 결과를 맞이하기 위해서는 우 리는 현명하고 냉철해야 합니다. 모두가 각자의 영역에서 최선의

복잡계의 탄생과 지금, 복잡계를 이해하는 법

방식으로 현실에 적절하게 대응하기를 기원하고 또 기원합니다.

소프트파워를 다지고 있는 대한민국

현재 세계적 관점에서 한국의 입지는 역사의 어느 시점보다 매우 중요해졌습니다. 경제, 문화, 과학 측면에서 우리는 세계적으로 두각을 나타내고 있습니다. 앞서 말했듯이 이제 군사력은 국가들 사이의 분쟁에서 사용 가능한 현실적인 옵션이 아닙니다. 경제 역시 과거보다는 중요성이 감소했습니다.

이제 글로벌 하드파워와 소프트파워 경쟁이 이루어지는 곳은 과학과 문화 분야입니다. K-Science와 K-Culture로 우리는 주변부에서 중심부에 에너지를 공급하는 역할을 이미 하고 있습니다. 이제는 사례가 너무 많아서 그중에 어느 것을 들어야 할지 고민이 될 정도입니다. 대중 음악에서 BTS와 블랙핑크가 선두에 서 있고, 오스카상을 거머쥔 봉준호 감독님과 윤여정 선생님이 세계 영화계의 깊이를 더하고 계십니다. 새롭게 만들어지고 있는 웹툰 시장에서는 과거 일본의 아성을 지우고 전 세계 최대 시장을 만들어가고 있습니다.

과학 분야에서는 한국의 반도체 기업인 삼성전자와 SK하이닉

스가 전 세계를 장악했고 그 영역을 지속적으로 확장하고 있습니다. 기초과학 분야에서도 로타 추측Rota's conjecture을 증명한 허준이 교수님과 랭글란즈 프로그램을 이용한 정수론을 연구하는 신석우 교수님 같은 젊은 수학자분들의 연구 활동이 학계에서 점점 두각을 보이고 있습니다. 앞으로 더욱더 커질 것이라고 믿고 있습니다.

경제, 과학, 정치 순으로 조합하고자 하는 주제들을 다루었으니, 이제 그 세 가지를 '동시에' 종합하여 반영해보겠습니다. 한마디로 이것은 '뭣이 중헌디?!' 입니다. 2016년 개봉한 나홍진 감독님의 영화 「곡성」은 인간이 가진 복잡하고 근원적인 무의식의 두려움을 일상의 희극적 요소에 더해 다층적인 구조와 인물들로 만든 매우 '복잡한' 구조의 영화라고 생각합니다. 훌륭한 영화를 선사해 주신 분들께 감사드립니다.

▲ 영화 「곡성」에서 배우 김환희님의 명대사 장면

복잡계의 탄생과 지금, 복잡계를 이해하는 법

복잡계는 여러 가지 다양한 측면을 반영하기 위해서 해석에 사용하는 변수들을 증가시켜야 합니다. 그리고 그것이 끝이 아니라 변수들의 중요성과 상호 간의 연결이 지속적으로 변화합니다. 이러한 상호 작용을 일회성으로 반영하는 것이 아니라 꾸준히 조절해주어야 합니다. '무엇이 중요한지'가 계속 변화하는 것이죠. 우리는 이러한 변화에 꾸준히 반응해야 합니다.

복잡계를
단계적으로 대응하는 법

단계별로 접근하면 해결 못할 일이 없다

복잡함은 다루기 쉬울 수 없습니다. 그렇기 때문에 파악하기도 어렵고, 의사결정하기도 어렵고, 적절하게 행동하기도 어렵습니다. 무엇이 중요한지를 파악하고 고려해서, 냉철하고 민첩하게 행동해야 합니다만 그게 참 어렵습니다. 요령을 말씀드리면 단계별로 끊어보십시오. 복잡계는 연결이 너무 복잡하기 때문에 이러한 문제들은 우리의 생각을 꼬아버리고 의사결정 능력을 감소시킵니다. 다음과 같이 단계별로 나누어서 대응하십시오.

1) 영향을 주는 여러가지 변수들을 파악하여 나열하고,

2) 중요하지 않은 변수들을 제거한 후,

3) 남은 변수들에 중요도를 결정하여 종합한 후에 분석하고,

4) 결정 과정을 거친 후 단칼에 행동으로 옮기십시오.

우리는 여러 가지 변수들 중에서 중요하지 않은 변수들을 제거하고 남은 변수들의 중요도를 결정해야 합니다. 물론 세상에 중요하지 않은 변수란 없습니다. 저는 중요하지 않은 것은 지속적으로 존재하지 않고 언젠가는 사라진다고 생각합니다. 단지 어떠한 관점을 만들 때 상대적으로 중요한지 아닌지로 구분된다고 생각합니다. 오해 없길 바랍니다.

세상을 구성하는 부분들은 참 다양합니다. 종교, 심리, 과학, 신화, 문학, 음악, 무술, 스포츠, 정치, 경제, 미술 등 모두 나열할 수 없겠죠. 이 중에서 투자라는 관점하에서 중요하지 않은 변수들을 제외하면 크게 과학, 정치, 경제라는 변수들만 남게 됩니다.

지금까지 설명한 과학, 정치, 경제의 큰 흐름을 하나의 그림으로 정리했습니다. 다음 장의 그림 상단에 나타난 비중은 각각의 시점에서 과학, 정치, 경제가 차지하는 중요도를 나타냅니다. 앞서 내용을 정리하며 복잡계 관점에서 다시 한번 살펴보겠습니다.

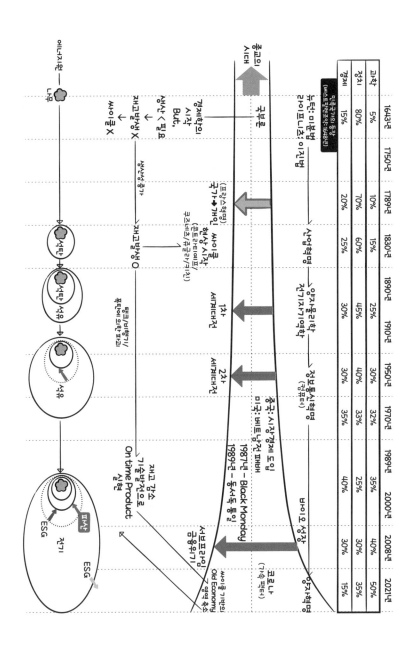

복잡계의 탄생과 지금, 복잡계를 이해하는 법

정치의 시대(1643~1950년대)

종교라는 신의 시대에서 14세기부터 16세기까지 인간의 중요성이 증가한 르네상스 시대를 거쳐 드디어 세상을 보는 시각의 중심이 인간에게로 넘어왔습니다. 사실 르네상스 시대도 흑사병으로 인해 인구가 줄어들자 노동력의 가치가 증가하면서 교회가 가지고 있던 권력의 일부가 노동자에게 넘어온 현상을 바탕으로 합니다. 항상 그럴듯한 타이틀이 아니라 왜 그 현상이 발생했는지 상황과 정황을 살펴봐야 합니다. 그 속에 이해의 씨앗이 있습니다.

종교의 시대에서 인간의 시대로 넘어온 시점에는 민족국가라는 정치 체제의 비중이 절대적이었습니다. 그 시절에는 머리가 좋거나 돈이 많은 것보다 싸움을 잘 하는 것이 성공의 비결이었습니다. 무력을 필요로 하는 절대 권력에게 필요한 가치를 제공할 수 있기 때문입니다. 19세기 후반 프로이센 통계국이 발행한 연감을 보면 인구의 첫 번째 분류 기준이 군인과 시민입니다. 이는 당시 군인이 인구 구조에서 가장 중요한 측면을 담당했다는 것을 알 수 있습니다.

무엇인가가 절대적이라는 측면에서는 종교의 시대와 민족국가의 시대의 다른 점은 없습니다. 그렇기 때문에 그 시대의 특징적인 사건들은 대부분 무력을 동반한 정치적인 사건이었습니다.

당시 시대의 핵심은 정치였지만 과학에서도 서양의 세계관에 대변혁을 일으킬 내용들이 나타나기 시작합니다. 아이작 뉴턴은 중력의 법칙을 핵심으로 고전물리학을 정립했고 뉴턴과 동시대에 미분을 창시한 고트프리트 라이프니츠는 이분법으로 정보통신 사회의 근원적 원리를 제공했습니다.

경제는 생존에 필수적인 부분이기 때문에 생명이 존재하는 한 언제 어느 시기에서나 일정 부분을 차지합니다. 1776년 출간된 애덤 스미스의 『국부론』은 고전경제학의 기초를 다집니다. 애덤 스미스는 국부론에서 재고와 경기 발전을 말했지만 당시 시대는 생산이 수요를 충족하지 못했기에 재고가 의미 있게 발생하는 것은 불가능했습니다. 그렇기에 경제학이라는 학문은 있었지만 유의미한 현상이 없었기에 당시 시대에서 중요한 위치를 차지할 수 없었습니다. 이후 산업혁명을 통해 생산성이 증대되어 필요를 넘어선 생산물은 재고를 증가시켰고, 그때부터 경제학은 학문의 여왕의 자리에 오르게 됩니다.

개인의 권리를 주장하는 프랑스 혁명으로 국가 권력의 일정 부분이 개인의 자유로 이전되면서 정치의 비중은 차츰차츰 감소합니다. 시간이 흐르면서 1890년부터는 과학, 정치, 경제의 세 가지 요인들의 비중이 이전보다 비슷해집니다. 그렇기 때문에 제1차 세계 대전부터는 극단을 확인하는 사건의 구조가 복잡해지고 피하기도

복잡계의 탄생과 지금, 복잡계를 이해하는 법

어려워집니다. 하지만 제2차 세계대전까지의 단계에서 공통점은 정치의 비중이 세 가지 요소 중에서 그나마 가장 높다는 점입니다. 이 당시의 과학의 발전도 정부와 연결되느냐 아니냐가 핵심 가치였고, 경제적인 성공도 정치권의 필요성에 적절히 발맞추며 어울릴 수 있느냐 없느냐가 관건이었습니다.

정치의 시대에서 경제의 시대로(1950년대~1970년대)

제2차 세계대전 종전 이후 미국과 소련을 중심으로 한 공산주의와 민주주의 간의 정치 체제 경쟁은 시간이 지날수록 미국의 우위로 움직입니다. 1960년대 소련이 쿠바에 미사일 기지를 배치하는 군사적 시도로 양국의 직접적인 긴장감은 최고점을 찍었고, 그후 공산주의와 민주주의의 체제 경쟁은 베트남 전쟁처럼 다른 국가에서의 전쟁을 통한 대리전 양상을 보이며 한 단계 긴장이 낮아진 방식으로 진행되었습니다. 1970년 체제 경쟁 중이었던 중국 공산당이 미국과 수교하며 자본주의 방식을 도입하게 되면서 실질적인 체제 경쟁은 줄어들고 미국 중심으로 세계 질서가 강화됩니다. 이제 정치적 긴장은 줄어들고 가장 넓은 범위를 차지한 자본주의 방식이 발전하며 그 발전의 과실을 차지하기 위한 경제적인 움직임이 강화됩니다.

경제의 시대(1980년대~2008년)

———

동서독의 통일 이후 세계 유일 강대국이 된 미국의 주도하에 자본의 세계화 흐름에 기반한 신자유주의 정책이 확산됩니다. 자유시장, 규제의 완화, 재산권을 중시하며 시장 개방이 선호됩니다. 이제 자유시장 경제가 세상의 핵심을 차지하게 되었고 물질주의는 도덕성과 윤리성을 확보하고 최고의 효율성을 제공하는 가치 있는 수단이 되었습니다. 개방된 시장에는 실물경제뿐만 아니라 금융시장도 포함되었습니다. 전 세계 투자 자금은 더욱더 넓은 범위에 실시간으로 영향을 주게 되었습니다.

세상은 복잡성이 커지는 방향으로 지속적으로 흘러갑니다. 동서독 통일 즈음에 발생한 1987년 블랙 먼데이 사태는 서독 금리 인상에 이은 미국의 금리 인상이라는 경제적 측면, 정치 체제 경쟁의 끝단에서 존재하던 고조된 긴장감이라는 정치적 측면, 정보통신 기술의 발전에 따른 컴퓨터 매매의 활성화라는 과학적 측면이 모두 조합되어 발생한 사건입니다. 단순히 경제의 측면에서만 블랙 먼데이 사태를 해석하면 제대로 된 답을 얻을 수 없었을 것입니다.

복잡계의 탄생과 지금, 복잡계를 이해하는 법

이처럼 복잡한 세상에서는 다양한 해석이 필요합니다.

　이제 전 세계 게임의 룰은 미국식 신자유주의라는 하나의 방식으로 정해졌고 세계적 차원에서 국가들이 경쟁하기 시작합니다. 전 세계가 동시에 뛰어들어 '잘 살아 보기' 경쟁을 시작한 것입니다. 저도 이 시절에 국내외 다양한 금융 기관에서 생활했다는 면에서 억세게 운 좋은 사람입니다. 제조업에 비해서 금융권의 중요성이 이 구간에서는 급격하게 커졌습니다. 전 세계 중앙은행의 완화적인 정책하에서 호시절을 누리던 금융권은 2008년을 서브프라임 사태로 촉발된 세계 금융 위기를 기점으로 세상에서 차지하는 비중이 점점 줄어들기 시작합니다. 근원적으로는 과학이 가져온 변화가 핵심이지만 금융권 스스로가 제 역할을 하지 못한 점도 큰 이유입니다.

　왜 서브프라임 사태를 세계 금융 위기Global financial crisis라는 뭔가 있어 보이는 단어들의 조합으로 굳이 새로 만들었는지 저는 잘 공감되지 않습니다. 서브프라임 사태는 정치권의 개입으로 봉합되었고, 앞서 설명드린 대로 국제사회에서 중국의 역할을 키웠습니다. 주변 상황을 해석할 수 있는 인식을 조금이라도 가지고 있었다면 금융권은 스스로 해결한 것이 하나도 없는 상황에서 여러 가지 근원적인 고민과 성찰을 해야 했습니다. 그러나 정부의 구원의 손길로 어려움에서 벗어난 지금도 크게 달라진 점이 있는지는 의문입니다.

최소한 그때부터라도 금융권에서는 '이제 세상은 과학과 정치가 중심이고 경제의 중요성이 떨어졌다'는 것을 파악하고, 과학과 정치의 관점을 더 연구하고 관찰하여 반영하면서 의사결정 구조를 개선했어야 했습니다. 하지만 안타깝게도 인간은 익숙하게 사용하던 것을 버리고 새로운 것을 반영하는 데 그리 뛰어나지 못합니다.

저는 2008년 서브프라임 사태가 터질 때 금융 기관에 종사한다는 것이 부끄러웠습니다. 세상에 어느 정도 도움이 되면서 중요한 일을 한다고 생각했는데, 결국 금융권 전체로서 한 일은 사람들이 살고 있는 집을 빼앗는 일이 되었다는 사실에 어처구니가 없었습니다. 그래서 고민했습니다. '이게 도대체 뭔가? 어디서부터 잘못되었는가? 이런 일이 발생한 이유는 무엇인가? 어떤 구조에서 이런 상황을 초래했는가?'를 고민하고 연구했죠. 이 책은 이 고민에 대한 개인적인 결과물이라고도 볼 수 있습니다.

이제 세상을 이끌어가는 주역은 경제계가 아니라 과학계입니다. 이런 문장 자체가 과학계에 계신 분들이 보면 얼마나 우스울까 창피합니다. 그나마 다행스러운 점은 인류가 만들어가는 영역 전체가 커지고, 세상의 연결이 고도화되어서 가장 중요한 분야도 다

른 분야의 관점을 예전보다는 더 많이 반영해야 한다는 점에서 과
학이 훨씬 더 중요해진 것이지 경제가 중요하지 않다는 것은 아닙
니다.

과학(과 정치)의 시대(2009년~현재)

FAANG(페이스북, 아마존, 애플, 넷플릭스, 구글)으로 대표되는 미국
의 대형 IT기업들은 플랫폼 비즈니스, 빅데이터, 알고리즘 등 고도
화된 정보통신 기술을 활용하여 데이터 기반의 사회 구조를 구축
했습니다. 이러한 현상은 사이클 경제를 급격하게 축소시키는 세
상을 지속적으로 만들어가고 있는 현재 진행형입니다. 현재 과학
이 만들어가는 구조의 변화는 지금도 계속 새로워지고 있습니다.
2000년 초반 IT버블 현상으로 잠시 혼란스럽기도 했지만, 그러한
경험도 지속적인 방향성이 만들어지는 과정에서 있었던 에피소드
였습니다. 이제 명실공히 석유의 시대에서 데이터의 시대로 전환
되었습니다.

이러한 전환기에 정치도 중요한 기능을 하게 됩니다. 앞서 설명
했듯이 급격한 기술의 변화는 소수의 사람들만 적응할 수 있기 때
문에 사회의 긴장을 높입니다. 이 과정에서 심각해진 계층 문제는

정치적 방식의 해결책이 필요합니다. 2008년 서브프라임 사태와 같은 금융권에서 발생한 문제에 대한 조정과 해결도 규모와 내용 면에서 스스로 해결할 수 있는 문제가 아니었기에 정치권의 개입이 필요했습니다. 또한 글로벌 패권 경쟁이라는 이슈의 강화도 정치적 영역의 중요성을 키우고 있습니다.

세계의 복잡성은 증가하다가 줄어드는 방향으로 가지 않습니다. 강(단순계)이 바다(복잡계)로 흐르지, 바다(복잡계)가 강(단순계)으로 흐르지는 않습니다. 세상의 크기는 더 커졌고 다양한 종류의 현상들이 큰 영향을 주면서 복잡하게 진행되었습니다. 복잡성이 커지는 가장 근원적인 요소는 과학 기술의 지속적인 발전입니다. 과학의 이해가 늘어나면 늘어날수록 낡은 방식이 도태되고 새로운 변혁이 확산되는 창조적 파괴Creative destruction도 이제 상시적으로 발생하는 구조로 일상화되었습니다.

석유는 유한하다? 무한하다?

복잡계에서 영원한 것은 없습니다. 새로운 발견으로 기존의 세계관이 완전히 바뀌는 경우도 발생하죠. 여기 최근에 발생한 석유에 대한 흥미로운 변화가 있어 소개하려고 합니다.

복잡계의 탄생과 지금, 복잡계를 이해하는 법

인간의 노동력에 근거한 사회에서 우리는 '나무'를 사용해 집을 짓고, 이를 연료로 사용하고, 마차와 같은 운송 수단을 만들었습니다. 나무는 산소를 공급해주고 이산화탄소를 모아서 보관하는, 현대적인 의미를 더하지 않아도 우리에게 참 고마운 존재입니다.

이후 기술의 발전으로 증기기관에 '석탄'이 활용되고, 더욱 발전한 과학 기술로 내연기관과 많은 산업 소재에 '석유'가 활용되었습니다. 우리는 이 두 에너지원을 화석 연료라고 부르는 데 익숙합니다. 여기서 화석연료는 고생물의 유해가 지하에 매장되어 시간이 흘렀을 때 생성된 자원을 의미합니다. 그런데 익숙한 것과 사실은 일치하는 경우도 있지만 그렇지 않거나 새로운 발견과 연구로 새롭게 정의되는 경우도 있습니다.

천체 물리학자 토머스 골드Thomas Gold는 독특한 연구와 이론으로 유명한 분입니다. 그의 이론 중에는 천연가스와 석유가 지구 깊은 곳에 응축된 물질의 잔존물인 비생물학적 물질이라는 이론이 있습니다. 석유에서 발견되는 유기 분자들은 생물에 의해 오염된 것이지 석유가 생물로 이뤄졌다는 증거가 아니라는 것입니다. 석유가 에너지원의 헤게모니를 쥐고 있는 시대에 이러한 주장은 미치광이 취급을 당하지 않을 수 없었습니다.

그런데 그가 사망하기 얼마 전인 2004년, 워싱턴 카네기 연구소는 골드의 이론을 검증하는 실험을 진행했습니다. 과학자들은 물, 석회암, 산화철을 혼합한 혼합물을 골드의 이론처럼 지표면 아래 깊은 곳에서 발생되는 강한 압력으로 눌렀습니다. 그리고 이 과정에서 가장 흔한 석유화학물질 중 하나인 메탄Methane이 형성되는 것을 발견했습니다. 골드의 이론은 검증되었고 연구소는 골드가 죽기 사흘 전에 그의 이론이 확증되었다는 소식을 전합니다.

우리는 지금까지 석탄과 석유가 동식물이 부패해서 만들어진 유한한 화석연료라고 알고 있었는데, 알고 보니 화석연료가 아니라 지구 중심부에서 나오는 물질이었습니다. 이는 석유가 유한하지 않고 지구 중심부에서 계속 만들어져서 지구가 없어지기 전에는 계속 존재하는 물질이라는 것을 의미합니다.

현재 글로벌 정유사들은 석유가 유한하다고 생각하여 태양광 등의 대체 에너지 산업에 투자를 시작하고 기존 석유 사업의 영역을 축소하고 있습니다. 아마도 이 내용은 지금 처음 접하는 분들이 꽤 있으실 거라 생각합니다. 주식과 채권의 상관관계가 깨졌다는 것을 처음 듣고 고민하셨던 것처럼 말이죠.

새로운 정보와 잘못된 정보의 수정은 과거에도, 지금도, 앞으로도 계속 있을 일입니다. 우리는 우리의 생각을 그 시점에 다시 수정하면 됩니다.

복잡계의 탄생과 지금, 복잡계를 이해하는 법

3부

복잡계 구조에서
투자하는 법

COMPLEX SYSTEMS

어떻게 투자할 것인가?
중요한 변수들을 적절히 반영하라!

다양한 관점을 반영하고, 중요한 변수를 이해하라

앞서 2부에서 단순계에서 복잡계로 변화하는 지금의 상황을 정치, 경제, 과학으로 설명했습니다. 그렇다면 앞으로의 복잡계에서 우리는 어떻게 투자해야 할까요? 결론은 간단합니다. '다양한 관점'을 반영하여, '중요한 변수'를 이해하여 결정하고, 적절하게 행동해야 합니다. 말은 참 쉽습니다. 이 문장을 이제부터 자세히 알아보겠습니다.

설명에 앞서 중요한 부분을 먼저 짚고 넘어가고자 합니다. 바로 변화에 대한 열린 태도입니다. 우리의 뇌는 여러 가지 중요한 요인들을 다룹니다. 그리고 여러 가지 요소들 중에서 가장 중요한 것은 바로 생존입니다. 생존을 위한 본능은 우리를 새로움과 변화에 대해 일정 부분 보수적인 태도를 가지게 합니다. 이는 생존이 불가능한 상황과 거리를 두어서 스스로를 지키기 위함입니다. 하지만 이러한 본능은 꼭 필요한 변화를 수용하는 능력을 방해하는 요인이기도 합니다. 세상에 장점만 있거나 단점만 있는 것은 정말로 없습니다.

뇌에서는 새로운 정보를 얻는 능력과 과거의 정보를 보존하려는 능력이 같은 신경 부위에서 경쟁합니다. 이렇게 충돌하는 정보 처리 과정을 고려하면 인간의 뇌가 좌뇌와 우뇌로 구분된 형태로 진화한 것은 이러한 난제를 해결하기 위한 방식일지도 모르겠습니다.

우리의 좌뇌는 주로 기존 정보를 처리하고, 우뇌는 신규 정보와 전체적인 정보를 처리합니다. 좌뇌가 조종하는 오른손은 영어로 'Right hand'입니다. '옳다'라는 영어 표현도 'Right'입니다. 여기서 '옳다'는 기존의 것이라는 의미이기도 합니다. 틀리다는 것은 '옳지 않다'라는 표현이기도 하지만 새롭다는 의미도 담고 있습니다. 틀린 것이 아니라 다른 것이죠. 기존에 적용되던 옳음도 세상이 변화하면 틀림이 됩니다. 변화가 파악되었으면 다름을 받아들여 새로운 옳음을 만들어야 합니다. 물론 이 과정에 끝은 없습니다.

가치투자의 범위가 축소되고 있다

저는 지금 투자의 관점에서 기존에 우리가 사용하던 '가치투자'라는 단어가 그러한 홍역을 겪고 있다고 생각합니다. 가치투자는 우리에게 필수적으로 필요한 투자 방식입니다. 펀더멘털을 면밀하고 정확하게 분석하는 투자 방식이죠.

단순계 구조의 금융시장에서는 가치투자의 펀더멘털 분석만으로도 이해할 수 있는 범위가 상당히 컸습니다. 그런데 세상의 구조가 복잡계로 확장되고 나니 펀더멘털 분석만으로 적합한 투자 결정을 내리기에는 세상을 이해하는 폭이 충분치 않아졌습니다.

단순계에서는 가치투자 방식을 아는 것만으로도 충분히 투자가 가능했습니다. 하지만 복잡계에서 가치투자 방식은 충분조건에서 필요조건으로 위상이 낮아졌습니다. 필요조건은 무언가를 하기 위한 최소한의 요건을 의미합니다. 마치 취업에서 서류와 같은 거죠. 서류에 통과되었다고 면접까지 통과한다는 보장은 없습니다. 마찬가지로 현재 복잡계에서는 가치투자의 요건을 충족해도 투자에 성공한다는 보장이 없으니 우리는 가치투자 이외의 다른 요인들에 대한 분석을 소홀히 해서는 안 됩니다.

		문화/종교/스포츠/유흥	5%
		파생상품/구조화상품 시장	10%
15%	유동성/심리영향	심리 요인	10%
70%	가치투자 방식 (펀더멘털 분석/충분조건)	가치투자 방식 (펀더멘털 분석/필요조건)	30%
15%	유동성/심리영향	유동성/정부정책 요인	10%
		과학이 주는 구조적 요인	30%
		철학/역사 요인	5%

▲ 가치투자의 방식이 충분조건에서 필요조건으로 바뀌고 있습니다.

복잡한 세상에 대응하려면 많이 알아야 한다

기존에 알고 있는 것을 바탕으로 새로운 앎의 범위를 확장해야
합니다. 그리고 알고 있는 것도 지속적인 확인과 수정의 과정을 병
행해야 합니다. 새로운 앎이 생기고 이 부분을 기존의 현상에 적용
하면 완전히 새로운 방식의 해석이 나옵니다.

투자의 세계에서 익숙한 예를 들어보겠습니다. 1980년대부터 미국의 방식은 정치, 경제, 과학, 문화, 사회 등 어떤 측면을 보더라도 중심적인 가치관이 되었습니다. 확실하게 인정받은 글로벌 헤게모니는 모두에게 옳은 것으로 받아들여졌습니다. 투자라고 예외일 수 없었죠. 그렇기에 세계적으로 투자의 명예의 전당에 오른 분들은 당연히 미국의 투자자들이었습니다. 워런 버핏 회장님이 가장 대표적인 분이죠.

저는 버핏 회장님의 투자 전략 구성비를 '미국 중심주의(70%)+가치투자(20%)+진실성과 성실성(10%)'이라고 생각합니다. 사람은 노년에 직설과 직언의 비중이 높아집니다. 왜냐하면 거짓말을 생각할 만한 에너지가 줄고, 기억력이 감퇴해서 말을 포장하기도 어려워지고, 삶에 대한 미련이 줄어드니 굳이 입에 발린 말을 할 필요도 없습니다. 그래서인지 최근 버핏 회장님의 '미국에 반대되는 투자는 하지 말라Never bet against America'는 언급은 유독 눈에 띕니다. 이는 투자의 본질에 대한 직언으로 보입니다. 결국 투자에 있어 기업의 펀더멘털을 분석하는 것도 무척 중요하지만 투자의 세계를 감싸고 있는 정치, 국가의 힘이 막강하다는 것을 암시하는 말이겠죠. 이러한 정치적 측면을 고려하면 90년대부터 가치투자를 한 것보다 90년대부터 미국 주식 인덱스 펀드에만 투자한 것이 '워런 버핏 무작정 따라하기'의 정석이 됩니다.

복잡계 구조에서 투자하는 법

다양한 관점의 구조를 정확하게 파악하고 이를 투자에 반영하는 것과 자신에게 이득이 되는 결과가 나오니 무조건 그 방법이 맞다고 생각하는 것은 서로 매우 다릅니다. 눈을 감고 코끼리의 다리를 만진 사람과 코를 만진 사람이 생각하는 코끼리의 모습은 완전히 다르며 각각은 실체에 가깝지도 않습니다. 복잡한 세상을 대처하는 적절한 방식은 새로운 관점에 눈을 뜨고, 세상을 다르게 바라보며 대응하는 것입니다.

▲ 부분을 통해 전체를 파악하는 것은 매우 어렵습니다

복잡계를 구성하고 있는 세 가지 관점: 기관, 외국인, 개인

금융시장을 구성하는 다양한 관점들

시장에는 여러 주체들이 참여하고 서로 영향을 주고받습니다. 저는 다양한 변수와 복합적인 상황에 대해 여러 가지 생각을 하던 중 일본인들이 중요하게 생각하는 '이키가이いきがい 벤다이어그램'을 만났습니다. '이키가이'는 인생의 즐거움과 보람이라는 뜻으로 일본인의 삶에 대한 철학적 태도를 나타내는 단어입니다. 저는 이키가이 벤다이어그램을 한참 들여다보며 '나는 지금 어디에 있는가, 우리들은 어디에 있는가'를 생각했습니다. 가만히 들여다보니 제 삶은 4가지 요소의 교차로 이루어진 이키가이가 보여주는 삶의

모습에서 한 가지가 빠진 상태였습니다.

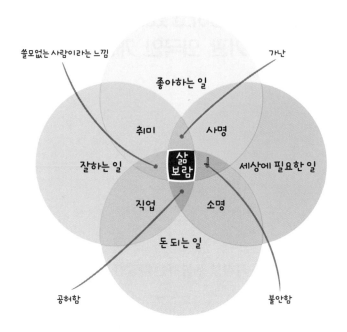

이키가이를 만난 2010년은 제가 한국투자증권에서 법인영업부 팀장으로 있으면서 네 명의 아우들과 근무하던 때였습니다. 저는 당시 삶의 중요한 요인들 중에서 뭔가 부족한 것을 느꼈고, 개인적인 삶과 팀원들의 삶의 방향에 대해서 많은 생각을 했습니다.

여담이지만 당시의 저희 '오팀(저희 팀을 그렇게 불렀는데 지금도 그렇게 부르고 있습니다)'은 지금도 한 해에 한 번씩 1박 2일로 여행을 다닙니다. 물론 작년부터는 코로나19 사태로 그러지 못하고 있지만요. 사실 금융권 영업팀의 분위기는 매우 터프합니다. 돈의 흐름이 크고 빠르다 보니 그곳에서 일하는 사람들의 모습도 인간적인 면모보다는 냉정하고, 자신에게 실익이 있고 없고에 따라 사람을 대하는 태도가 180도 달라지는 차가운 분위기입니다. 이제 서로 다른 일을 하고, 회사도 달라졌음에도 저희는 10년 넘게 이런 관계를 유지하고 있습니다. 우리나라 금융권에서는 저희가 유일하지 않을까 싶네요. 저는 인생에서 사람이 전부라고 생각합니다.

다시 돌아와서 당시 제 삶의 조합은 '좋아하는 일+잘하는 일+돈 되는 일'이었습니다. 그러던 중 이키가이 벤다이어그램을 보니 저에게 빠졌던 부분이 바로 '세상에 필요한 일'이라는 것을 알게 되었습니다. 저는 1998년 IMF 시절에 금융권에 들어와서 중형사, 대형사, 외국계 회사를 모두 다녀보고 채권, 금융상품, 주식을 모두 경험하는 과정에서 업계와 사회에서 받은 것들이 참 많았습니다.

이에 보답하고 싶은 마음으로 제 지난 10여 년의 기간은 기존에 세 가지를 잘 유지하면서 '세상에 필요한 일'을 채우며 보냈습니다. 제가 할 수 있는 세상에 필요한 일은 많은 분들이 '필요를 넘어선 삶'에 도착할 수 있도록 돕는 것이라고 생각합니다. 우여곡절이 있었지만 앞으로도 그러한 방향에 적절한 일들을 진행하려 합니다. 이러한 방향의 움직임이 잘 작동하고 자리 잡으면 저는 좀 더 자유로운 사람이 될 것 같습니다.

저는 어떠한 일이 제대로 이루어지기 위해서는 한두 가지의 요소만으로는 안 된다는 것을 지금까지의 경험으로 깨달았습니다. 그래서 무언가를 이해하거나 방식을 만들 때 그 일을 구성하는 3~4개의 구성 요소들을 먼저 파악하고 조합해서 구조를 만드는 복합적인 생각 구조를 가지게 되었습니다.

저는 이러한 방식으로 금융시장을 구성하는 참여자들을 그려보았습니다. 처음 아이디어를 적용할 때에는 개인, 기관, 외국인, 기업이라는 관점을 넣어 이키가이와 동일하게 네 개의 변수를 적용했습니다. 하지만 오랫동안 생각해 보니 기업과 투자자는 성격의 차이가 크고, 기업이 투자에 참여하는 상황은 기관의 영역으로 보는 것이 적합하다는 생각이 들었기에 기업을 뺀 세 개의 주체로 정리했습니다. 이제 적정한 범위와 이해 가능한 구성으로 줄인 세 개의 주체로 시장 참여자의 특성과 장단점을 정리해보겠습니다.

'지피지기 백전불태知彼知己 百戰不殆'라는 말은 투자에서도 진리입니다. 스스로의 성향과 상대의 성향을 모두 이해한다면 분명 좀 더 유리한 입장에서 의사결정을 진행할 수 있습니다.

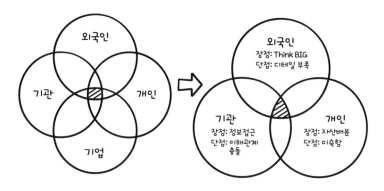

▲ 시장 참여자의 다양성을 알면 투자의 관점에서 적합한 다양성을 반영할 수 있습니다.

기관 투자자

기관의 가장 큰 장점은 정보에 대한 접근성입니다. 저의 금융시장 경험도 기관 투자자 영역이 가장 큽니다.

우리나라 금융시장에서 가장 오랫동안 경쟁 우위를 가지고 있던 주체는 기관이었습니다. 하지만 최근 들어 기관 투자자의 시장에서의 위치가 급격하게 변하고 있습니다. 현재를 이해하기 위해서는 과거와 지금의 기관의 위치를 비교해 보는 것이 도움이 됩니다.

1997년 IMF를 겪으면서 우리 사회는 강력한 변화를 겪었습니다. IMF라는 국제금융감독기구의 개입하에 진행된 위기 대응 과정으로 인해 금융 산업은 새롭게 바뀌는 요인들이 유독 많았습니다. 대표적인 것이 시가평가Mark to Market 제도입니다. 이는 1998년 11월 16일 이후에 설정된 펀드는 자산을 매입할 당시의 가격인 장부 가격이 아니라 금융시장에서 움직이는 시장 가격을 반영해서 평가하는 방식입니다.

지금은 가지고 있는 자산을 현재의 가격으로 평가하는 것이 당연하다고 여겨지지만 당시에는 매수한 가격과 조건으로 평가하고 있다가 사고파는 시점에서 실제로 매매한 시장 가격을 반영했습니다. 그런데 이 방식은 펀드의 수익률을 의도한 목적에 맞게 일정 부분 조정할 수 있는 여지를 남깁니다.

예를 들어 A와 B가 (ㄱ)회사의 1년 만기 채권 1000원을 900원에 매수했다고 가정해 봅시다. 6개월이 지난 시점에서 두 회사는 이 채권의 가치를 950원(원금 900원+6개월치 이자 50원)으로 평가하고 있었습니다. 그런데 6개월 되는 날 (ㄱ)회사에 큰 불이 났습니다. 아직 부도가 난 건 아니지만 원리금을 받을 가능성이 크게 줄어들 정도의 타격이 생겼습니다. 그러자 A는 950원으로 평가하고 있던 채권을 500원에 C에게 매각했습니다. 그러면서 A는 장부에 450원(950원-500원)의 손실을 반영했습니다. 하지만 B는 그대로 보유하기로 결정했습니다.

이때 장부가평가 방식에서 B는 매입 조건대로 채권을 950원으로 평가합니다. 이와 다르게 시가평가 방식에서는 채권을 시장에서 거래된 시장 가격인 500원으로 평가하게 됩니다. 같은 채권이지만 평가방식이 장부 가격이냐 시장 가격이냐에 따라 채권 평가액에 차이가 발생하는 것입니다. 장부 가격과 시장 가격 두 가지 중에서 무조건 시장 가격으로 평가해야 하는 것과 장부 가격과 시장 가격 중에서 유리한 것을 선택해서 적용할 수 있는 것은 수익률을 관리하는 데 있어서 매우 큰 차이입니다.

시가평가 제도를 설명드리는 이유는 많은 투자자분들이 주식형 펀드와 원자재 펀드 같은 위험 자산에 대한 투자가 익숙하고, 증권회사라고 하면 이러한 투자를 하는 회사라고 먼저 떠올리겠지만, 2000년 이전까지만 해도 증권 회사에서 가장 중요한 분야는 채권이었습니다. 다음 장의 차트에서 볼 수 있듯이 90년대 우리나라의 금리 수준은 매우 높았습니다. 금리가 하락하면 채권의 가격은 상승합니다. 그리고 설명드린 대로 당시는 장부가 평가 제도로 수익률을 관리하는 데 용이했던 시기였습니다. 편리하고 높은 수익이 가능한데 굳이 위험한 자산을 다룰 필요가 없었던 거죠. 당시 주식투자는 지점에서 높은 수수료를 받으면서 중개만 하면 이익이 생겼던 시절입니다.

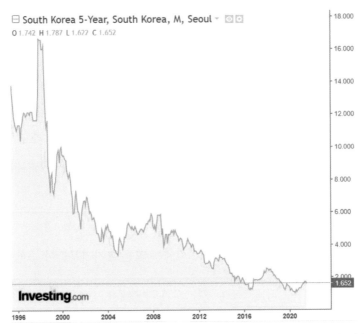

▲ 한국 5년 만기 국고채권 금리 추이. 2000년대 이전만 해도 채권의 금리는 상당히 높았습니다.

(출처: investing.com)

금융 회사의 경영과 투자 회사의 경영에서 가장 중요하고 큰 범위의 의사결정은 금리에 대한 판단으로 좌지우지됩니다. 제가 사이클 현상의 감소로 과거보다 금리의 중요성이 떨어졌다는 설명을 지속적으로 드렸습니다만, 과거보다 중요성이 감소했다는 것이지 중요하지 않다는 것이 아닙니다. 그러니 투자는 반드시 금리에 대한 이해를 바탕으로 하셔야 합니다. 이 부분이 채워지지 않은 채로 세우는 투자 전략은 단기적으로는 잘 작동할 수 있겠지만, 장기적으로는 위험한 상황을 가져옵니다. 물론 장기적으로 우리 모두는 죽기 때문에 죽음을 각오하고 투자하시는 분들에게는 예외일지도 모르겠지만, 잘 살기 위해서 투자하시는 분들은 금리가 세상과 투자에 주는 영향을 꼭 이해하시길 바랍니다.

저는 2000년부터 2002년까지 신영증권 금융상품부와 채권부에서 금리와 관련된 일들을 했습니다. 당시 선배들은 "종태야, 이제 금리가 너무 낮아져서 채권 쪽 비즈니스는 끝났어. 너는 너무 끝물에 들어와서 참 안됐다"라고 이야기했습니다. 당시는 금리가 3~4%까지 하락했던 시절이었습니다. 선배들은 수년간 지속된 금리 하락에 따른 채권 가격 상승의 호황 구간이 마무리되고, 이제는 금리가 상승하면서 채권 가격이 하락하여 채권시장의 장기 불황이 시작될 것이라 판단했습니다. 과거 사이클 시대의 구조가 변하지 않았다면 저는 선배들의 판단이 맞았을 거라는 생각을 가끔 합니다.

그런데 2009년부터 지금까지 초저금리(금리가 하락하면 채권 가격은 상승합니다) 시대로 향하면서 더 내려갈 것도 없다고 생각했던 금리는 추가로 하락했고, 오히려 과거에는 없던 호황이 발생한 것입니다. 이렇게 새로운 구조는 새로운 현상을 만듭니다.

IMF를 거치면서 당시에 선진 투자 기법이라고 불리던 방식을 금융 회사들이 적용하기 시작하면서 위험 자산에 대한 활동 범위를 넓혀갑니다. 보셨듯이 금리도 이제 전보다 낮아져서 다른 대안을 찾아야 하는 필요성도 증가했습니다. 대형 연기금과 보험 회사 등 장기자금 운용자들도 낮아진 금리를 보완할 수단이 필요해졌고, 이에 일정 부분 위험 자산에 대한 접근을 높였습니다. 저는 2003년부터 주식 쪽 경력을 시작했는데, 이때 운 좋게도 가장 중요한 고객인 국민연금을 젊은 나이에 담당하게 되었습니다. 그 당시에는 우리나라의 가장 큰 금융기관도 신문에서 정보를 찾아 투자를 했습니다. 그래서 출근해서 윗사람부터 신문을 보는 순서도 있었죠. 20년도 안 되는 사이에 세상이 얼마나 변했는지 느껴지시나요?

지금은 '소문에 사서 뉴스에 팔아라'라는 문구가 너무도 익숙합니다. 핸드폰으로 바로 전송되는 뉴스를 수많은 사람들이 빠르게 매매에 반영하고, 알고리즘 매매 방식을 통해서 뉴스가 매매에 실시간으로 반영되는 투자 프로그램도 존재합니다. 당시만 해도 다음날 신문에 실린 소식을 보고 전일에 있었던 사건들이 그날 주가에 반영되던 시절이었습니다.

이 외에도 여러 가지 차이점들이 있었습니다. 지금은 기업들이 자기 회사를 잘 이해시키기 위해 금융 기관에 자주 찾아갑니다. 주가가 상징하는 역할이 중요해졌기 때문에 기업과 금융시장이 서로 소통을 하는 것이죠. 과거에 우리나라는 제조업에 비해 금융업의 중요성이 낮았습니다. 그래서 금융 기관이 기업들을 찾아가서 만나야 했고, 만나는 일정을 잡는 것도 무척이나 어려웠습니다. 그래서 당시 증권사의 법인 고객 담당자들은 그 일정을 잡는 전담 직원을 둘 정도였습니다.

언제나 양의 변화는 질의 변화를 가져옵니다. 2005년부터 2008년까지 주식형 펀드 시장의 급격한 성장으로 대형 자산운용사와 점점 거대해진 연기금의 움직임은 주식시장에 절대적인 요인이 되었습니다. 정보는 집중되고 수익을 창출하려는 증권 업계는 각고의 노력으로 지식을 만들어 운용 업계에 제공했습니다.

이때 코스피 수익률을 넘어서는 것은 고려 대상이 아니었습니다. 당시에는 주식시장보다 더 좋은 수익률을 달성하는 것은 당연한 일이었고 앞으로도 계속 그럴 거라 생각했기 때문입니다. 좋은 성과를 내는 직원들은 더 좋은 조건으로 스카우트가 되거나, 자신의 회사를 만들거나, 큰 돈을 벌기 위해 개인 투자자가 되는 행보도 많았습니다. 당시에 여의도는 참 호황이었습니다. 타 업종에서 금융 업종으로의 이직도 증가했고, 가끔 언론에 보도되는 신랑감 순위에 증권 회사 직원이 최상위권을 차지했습니다. 주식형 펀드를 가입하기 위해서 줄을 서는 모습도 심심찮게 있었습니다.

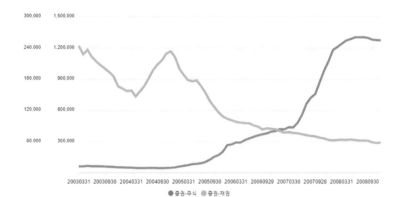

300,000 1,500,000

240,000 1,200,000

180,000 900,000

120,000 600,000

60,000 300,000

20030331 20030930 20040331 20040930 20050331 20050930 20060331 20060929 20070330 20070928 20080331 20080930

● 증권-주식 ● 증권-채권

▲ 주식형(파란색), 채권형(초록색) 펀드 수탁고 추이, 2007년 이후 주식의
수탁고가 크게 늘어나는 모습입니다(출처: 금융투자협회, 2003~2009)

그런데 이런 호시절은 3년이라는 참으로 짧은 기간에 불과했습
니다. 그때를 되돌아보면 현상이 너무 강했기 때문에 성장 구간이
10년은 넘는 느낌입니다. 이처럼 추억은 참 주관적이고 자의적입
니다.

2008년 서브프라임 사태가 터지고 증권 업계에서는 그전에 없
던 일들이 생기게 됩니다. 원래는 자산운용사의 주식형 펀드 수익
률이 시장 수익률보다 양호한 것이 상식이었는데, 서브프라임 사
태 이후에는 시장 수익률보다 양호한 성적을 내는 펀드의 수가 급
감하기 시작합니다. 그리고 정보는 점점 효율화되고 법규는 강화
되면서 기관이 가지고 있던 강점이 축소됩니다. 그러한 와중에 이
제는 일반적인 용어로 자리잡은 2012년부터 2017년까지의 박스피

구간에 돌입합니다. 그 과정에서 많은 사람들이 주식시장의 전망에 회의를 품은 채 업계를 떠났고, 대졸자의 취업에서 금융권은 낮은 선호도를 보입니다.

▲ 호시절을 누렸던 단순계의 기관 투자자, 복잡계에서는 그렇지 못합니다.

저는 이러한 변화의 이유를 구조의 변화로 해석했습니다. 그래서 사람들에게 '이제 구조가 바뀐 것이다. 새로 바뀐 구조는 이렇다. 우리나라의 산업 구조는 경기순환적 영역의 비중이 무척 높기 때문에 해외 투자를 늘려야 한다. 테슬라, 마이크로소프트, 비트코인을 사야 한다'라고 말하며 이러한 구조 변화를 업계의 많은 사람들이 이해하기를 바랐습니다(참고로 이때 테슬라 주가가 10달러, 마이크로소프트는 22달러, 비트코인은 100달러 수준이었네요). 하지만 변화는 쉽지 않더군요.

다시 본론으로 돌아가겠습니다. 저는 기관 투자자의 수익률이 시장 수익률보다 좋은 성과를 내는 것이 드물어진 현상에 대해 설명하고 있습니다.

과거 주식시장은 선진국에서 있었던 현상이 우리나라에서 후행적으로 발생하거나, 경기 사이클에 따라 순차적으로 발생하는 일들이 많았기 때문에 기존의 지식을 활용해서 정보를 잘 얻으면 수익을 쉽게 만들 수 있었습니다. 하지만 2008년부터 발생한 구조의 변화와 기술의 발전으로 이제 전 세계가 '동시에' 경쟁하는 구조가 되었습니다. 사이클 현상이 약해지면서 이제는 따라 할 수 있는 기준이 없어진 세상에 살게 되었죠. 글로벌 자산시장의 여러 가지 요인들과 다양한 자산의 가격이 실시간으로 연결되어 영향을 주고받으면서, 이제는 세계에 대한 전체적인 이해와 서로 어떻게 연결되었는지를 파악하지 못하면 자산시장에서 수익을 만들기 어려워졌습니다. 정보와 지식의 레벨에서 지혜와 직관의 레벨로 넘어서야 하는 단계에 온 것입니다. 바로 이 점이 시장 수익률보다 양호한 수익률을 달성하는 기관 투자자가 급감한 근원적인 이유입니다.

한국 주식시장을 변수의 종류와 고도화로 단계를 구분하면 이렇게 정리할 수 있습니다. 이를 정리하면 높은 수준의 세상을 중간 수준의 관점으로 보아서는 탁월한 결과를 기대하기 어렵다는 것을 알 수 있습니다.

낮은 수준	IMF 이전, 세상은 단순계, 고금리 시대, 돈을 구할 수 있는 사람이 가장 유리한 세상 유동성이 주식시장의 핵심
중간 수준	2008년 서브프라임 이전, 세상은 기존의 단순계와 IT버블 이후 발전으로 복잡계가 혼재되는 상황, 지속적인 금리 하락 유동성+펀더멘털에 대한 이해가 주식시장의 핵심
높은 수준	세상은 복잡계, 금리의 의미 급락, 과학과 정치의 비중 확대 유동성+펀더멘털+센티멘트를 복합적으로 이해하는 것이 핵심

▲ 고도화에 따른 투자 지침의 변화

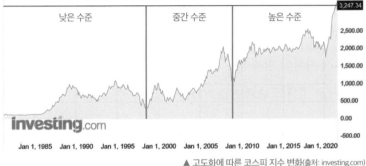

KOSPI ⬆ **3,247.34** +31.43 (+0.98%)

▲ 고도화에 따른 코스피 지수 변화(출처: investing.com)

　지혜의 단계로 넘어가는 것은 어려운 일입니다. 그래서 금융 기관들은 액티브 시장(주식시장보다 더 좋은 성과가 필요한 구조)에서 패시브 시장(주식시장과 유사한 성과를 싼 비용으로 만드는 구조)으로 사업 방향을 크게 전환했습니다. 흔히들 운용사를 바이사이드(Buy side, 갑), 증권사를 셀사이드(Sell side, 을)라고 합니다. 하지만 현재 금융권 내의 헤게모니는 판매사인 증권사가 더 강한 상황입니다. 서비스를 받는 바이사이드의 헤게모니가 단어가 뜻하는 것처럼 적절한 위치를 차지하기 위해서는 지식의 단계에서 지혜의 단계로 넘어간 조직이 있어야 합니다(타이거자산운용은 이를 위해 최선을 다하고 있습니다).

최근 양질의 블로그, 유튜브, SNS 등을 통해 알 수 있듯이 개인 투자자 중에서도 지식의 수준이 높은 분들이 많아졌습니다. 참으로 기쁜 현상입니다. 하지만 과거보다 경쟁력이 생겼다고 그 경쟁력이 지속되는 것은 아닙니다. 강에 떠 있는 배가 노를 젓지 않으면 떠내려가는 것과 같죠. 정보에서 지식의 단계로 올라가는 과정은 여러 사람이 함께하는 것이 상당히 유리합니다. 하지만 지식의 단계에서 지혜의 단계로 옮겨가는 과정부터는 개인에게 달려 있다고 생각합니다. 많은 분들의 진지한 노력이 좋은 성과로 이어지길 기원합니다.

외국인 투자자

외국인 투자자의 경우에는 우리보다 금융을 오랫동안 경험했고, 글로벌적인 넓은 범위의 사고에 익숙해서 매크로 투자 전략과 다양한 생각 구조를 가지는 경우가 많습니다. 하지만 모두가 그런 것은 아닙니다. 제가 크레디트 스위스Credit Suisse에 근무할 때는 글로벌 세일즈 업무와 관련된 모두가 함께 주고받는 메일 계정이 있었습니다. 고객들의 질문을 공유해서 더 좋은 서비스를 할 수 있는 방법을 찾아보자는 의도였는데 보고 있으면 '와! 어떻게 이런 생각을 했을까?'라는 생각이 드는 질문들이 자주 있었습니다. 하지만 그 생각의 의미는 두 가지입니다. '어떻게 이렇게 고차원적이고 다양한 생각을 했을까'도 있었지만, '아니 도대체 이 사람은 무슨 생각으로 일하는 걸까, 금융 기관에 어떻게 취업을 했을까' 하는 생각이 드는 질문도 있었습니다.

세상에는 수많은 투자자들이 있고 투자자마다 가치관도 투자 스타일도 제각각입니다. 중국을 잘 아는 분들이 이런 말씀을 하십니다. "중국은 이렇다, 중국은 저렇다라고 표현하는 사람은 중국을 모르는 사람이다. 왜냐하면 중국은 너무나 크고 다양해서 그렇게 정의할 수가 없기 때문이다"라고요. 중국만으로도 그런데 전 세계 투자자의 성향을 파악한다는 것은 어불성설語不成說입니다.

기관, 외국인, 개인이라는 세 주체 중에서 기관은 그나마 집단적 동질성이 어느 정도 있는 주체지만 외국인과 개인은 천차만별입니다. 다양한 성향의 투자자들 중 하수는 우리에게 문제가 되지 않습니다. 하지만 고수들은 투자 실력도 좋으면서 엄청나게 큰 자금을 운용하고 있다는 점을 인지하시길 바랍니다. 그러니 외국인의 움직임이 지속적으로 크게 한 방향으로 움직일 때는 그 이유를 잘 생각해 보시기를 바랍니다. 이는 당장 영향을 주는 요인이 아니더라도 경제 환경에 전반적인 영향을 주는 매크로 요인과 정치적 환경의 변화와 같은 변수들에 선제적으로 움직이는 경우가 많습니다. 더 넓은 범위에서 다양한 측면을 반영하기 때문입니다. 예를 들어 한국의 화학 업체의 실적이 향후 1년 동안 개선되는 상황에서도 러시아와 중동의 관계 악화로 향후 3~5년간 수익의 불확실성이 증가하면 외국인들은 당장의 이익 개선보다 예측 가능성이 떨어지는 판단을 내려 관련주를 지속적으로 매도하는 움직임이 발생할 수 있습니다.

한 가지 생각해 보셨으면 하는 점은 앞서 유럽 세력의 남미 점령 사례와 같은 활동이 현재 금융시장에도 존재한다는 것입니다. 그래서 국가 단위와 기관의 범위에서 행해지는 금융 활동은 정치적인 성격을 포함하고 있습니다. 아직 단순계 사회가 익숙한 우리는 복잡계로 넘어갈 때 이러한 부분의 이해도 증가시킬 필요가 있습니다. 그리고 개인 투자자분들이 복잡계적 사고를 이해하고 전 세계 금융시장에서 성과를 내는 것은 국가와 민족에도 기여하는 일이 될 것입니다.

외국인 투자자에 관련한 부분에서 여러분께 소개드리고 싶은 분이 있습니다. 세계적인 투자 정보 회사 월못ML_{Wilmot ML}의 창립

파트너인 조나단 윌못Jonathan Willmot은 제 투자 인생에서 매우 중요한 분입니다. 2008년 크레디트 스위스 글로벌 전략 헤드를 담당하던 그가 규모가 커진 한국의 금융시장에 처음으로 방문했습니다. 그와 함께 국내 기관 설명회에 동행해야 했던 저는 먼저 그의 약력을 살펴봤는데 박사 학위가 4개더라고요. 살면서 그런 분을 만나본적이 없어서 무척 설렜습니다. 당시 공교롭게도 서브프라임 사태의 영향으로 주식시장이 큰 폭으로 하락하는 일이 발생하여 한 건의 설명회가 취소되자 두 시간가량 그와 청계천에서 커피를 마시며 산책을 하게 되었습니다. 당시의 대화를 제 기억으로 다시 구성해봤습니다.

Jonathan   JT(＝종태), 궁금한 게 하나 있습니다. 한국 방문 일정을 짤 때 한국에서 가장 큰 자산운용사의 시장점유율이 50%에 달한다는 이야기를 들었습니다. 제 상식으로는 운용업에서 그런 절대적 점유율이 가능하다고 생각하지 않는데, 어떻게 이런 일이 한국에서는 있을 수 있습니까?

JT   (저는 잠시 고민하다 '이 분에게 한국의 특수한 상황에 대한 일반적인 설명은 의미가 없으니, 구조적인 설명을 드려보자'라고 생각했습니다) 한국은 역사적으로 삼국 구조입니다. 한국전쟁이 끝나고 남북으로 분리되어

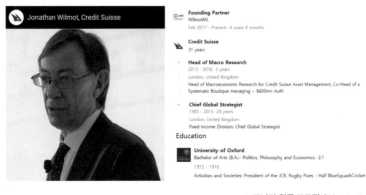

서 지금은 두 개의 형태이지만, 사실 한국은 신라와 백제라는 역사적
으로 두 국가적 성향이 있습니다. 전쟁 후 산업 사회가 성장하는 구간
에는 신라 전통이 강한 지역에서 정권을 가지고 있었는데, 최근 들어
백제 전통의 정권으로 바뀌는 상황과 제조업 중심의 경제에서 서비스
산업 단계로 경제 구조가 고도화되는 단계가 맞물리면서 금융업 쪽에
서 특별한 일이 발생했기 때문입니다.

Jonathan   Um… Make sense!(음… 이해되는군!) 우리 두 시간 정도 시
간이 있다고 했지요? JT가 무슨 질문을 해도 내가 최선을 다해서 설명
을 해줄 테니 평소에 궁금했던 것 중에서 물어보세요. 혹시 도움이 될
지도 모르잖아요.

JT   감사합니다. 사실 요즘 이 고민이 있는데요. 음모론이라는 구조가 자극적인 재미도 있지만, 진실을 담고 있기도 한 것 같습니다. 생각 구조에서 몇 퍼센트나 음모론적 사고를 반영하는 게 적당할까요?

Jonathan   음모론은 새로운 생각을 하게 한다는 장점과 엉뚱한 결론으로 이끈다는 단점이 있습니다. 그런데 만약 그 음모론이 진짜라면 그것을 이해한 사람은 죽습니다. 그러니 15% 이상의 비중은 추천하지 않겠습니다.

이어진 두 시간 동안 저는 그로부터 경제, 정치, 역사, 부동산, 주식, 채권, 구조화 상품, 금융의 미래, 진실함, 관계, 두려움 등 너무도 도움이 되는 많은 가르침을 받았습니다. 다양한 학문과 이해의 연결을 통해 재조합해내는 그의 생각 구조는 어디서도 경험하지 못할 큰 자산이었고, 저는 하루 종일 충격을 받은 채로 지냈습니다. 4년의 근무 기간 동안의 연봉을 하나도 안 받아도 괜찮다고 생각할 만큼 이날 하루의 가르침은 저에게 충분한 느낌이었습니다 (네, 그냥 느낌입니다). 제가 생각하는 이해의 극단에 서 있는 괴물 같은 외국인 투자자의 이미지는 이분입니다. 조나단, 당신의 따뜻한 가르침에 늘 감사합니다.

하지만 뛰어난 외국인 투자자라고 해도 약점은 있습니다. 그들은 한국 시장에 대해서 그렇게 자세하게 연구할 시간도, 필요도, 이유도 없습니다. 그래서 외국인 투자자는 어떤 종목을 한 달 내내 사다가 돌변해서 마구 매도하기도 합니다. 자신들의 생각을 반영한 적절한 투자라고 생각했는데 자세히 들여다보니 아닌 경우죠. 세상에 늘 성공만 하는 사람은 없습니다.

개인 투자자(분들께 드리고 싶은 이야기)

저는 이 책의 독자를 진지하게 투자에 접근하고 있거나, 접근하려는 대한민국 개인 투자자로 설정하고 있습니다. 솔직히 제가 출연했던 「삼프로TV」영상에 관심을 가지시고, 여러 번 반복해서 보시고, 정리해서 블로그에 올려주시는 분들이 많은 이 상황이 저는 아직도 놀라울 따름입니다. 이 책도 당시 촬영처럼 제가 생각하는 것을 진솔하게 다 꺼내 놓는다는 마음으로 집필했습니다.

하지만 여러분이 기분 나빠하실 수도 있는 이야기를 먼저 하겠습니다. 2020년은 투자라는 현상의 양적, 질적 변화가 동시에 발생한 해로 기록될 것입니다. 투자가 선택에서 필수로 전환된 해이기도 합니다. 이 중요한 해에 많은 분들이 새롭게 주식시장에 접근하셨고, 좋은 수익률을 얻은 분들이 상당히 많았습니다. 죄송합니다만 작년의 좋은 성과는 대부분의 경우 여러분의 실력이 아닌 운이 좋았기 때문입니다. 냉철하게 받아들여야 합니다.

이제 시작입니다. 말씀드린 대로 이제 투자는 선택이 아니라 필수입니다. 장기적 구조 변화는 우리가 선택할 수 있는 영역이 아님

▲ 정리 잘하신 분들이 너무 많네요. 감탄했습니다. 모든 분들의 성공 투자를 기원 드립니다.

니다. 하지만 우리는 이해하지 못해도 대응을 해야 하고 그 속에서 살아가야 합니다. 이 책을 통해 그에 대한 힌트를 얻는 분들이 많기를 진심으로 바랍니다.

투자의 세계에서 지속적인 성과를 제대로 만들려면 대학입시 준비 정도의 각오는 하셔야 합니다. 당연히 커다란 변화는 이해하기 어렵습니다. 하지만 그 노력의 결과는 생존 확률을 높이고, 커다란 보상을 제공합니다. 투자는 진지함의 대상이자 동시에 큰 즐거움을 주는 놀이의 대상입니다. 여러분의 성공 투자를 진심으로 응원합니다.

앞서 여러분의 성공을 운이라고 말씀드렸는데, 그렇다면 제 성공의 원인은 무엇일까요? 비율로 말씀드리겠습니다. 저는 제 성공의 비율을 '운 73%+실력 20%+운인지 실력인지 몰라서 그냥 둠 7%'라고 생각합니다. 이 식을 보고 '에이~' 하는 마음이 드실 수 있습니다. 만약 제가 단순계에서 투자하고 있고, 25년 동안 살아남은 투자자라면 솔직하게 60%가 실력이라고 하겠습니다.

하지만 지금은 복잡계 세상입니다. 이 구조의 세상에서 스스로 무엇을 확실하게 경쟁력 있다고 생각하는 것은 그저 이해 부족에 따른 표현일 뿐입니다. 복잡계에서는 개인의 행동이 아무리 합리적이라도 실패로 이어질 수 있습니다. 증가한 복잡성으로 결과에

분류	단순계	복잡계
실력 기여도	0~70%	0~30%
운 기여도	100~0%	100~0%
장담의 표현	적절한 지식 보유 확실한 정보 보유	이해 부족의 표현 타인을 이용하려는 의도
공부와 노력의 긍정적 결과	활용 가능한 지식의 증가 절대적 경쟁력 확보 상대적 경쟁력 확보	구조와 범위에 대한 이해 증가 확대된 이해로 모르는 것이 더 증가 투자 범위 확장으로 생존 가능성 증가

▲ 단순계에서 복잡계로 바뀔 때 재정의 되는 표현들

대한 예측 능력은 계속 감소하게 되고 직접적인 영향이 아니라 간접적인 영향이 결과에 주는 효과가 커집니다. 저는 노력으로 상승시킬 수 있는 실력의 비중은 최고 30%라고 생각하고 있지만 아직 그 수치에 이르지 못하고 있습니다. 이효석 애널리스트가 쓴 『나는 당신이 주식 공부를 시작했으면 좋겠습니다』(페이지2북스. 2021)에 이런 말이 있습니다. '투자의 세계는 투자를 안 하는 것이 0이고, 투자를 하는 것이 1이 아니라, 0에서 1을 넘어서 100까지 여행하는 긴 여정입니다.' 저도 계속 여정을 소화하고 있는 중입니다.

상단의 표처럼 단순계와 복잡계에서는 요인들의 정의가 상당 부분 바뀝니다. 여러분이 노력의 결과에 감사하고 행복한 느낌을 가질 수는 있지만, 뭔가 경쟁력을 갖췄다는 생각이 들거나 우쭐한 느낌이 조금이라도 생긴다면 그것은 여러분이 아직 복잡계에 익숙해진 상태가 아니라는 증거입니다. 복잡계의 구조적인 어려움 때문인지 각종 투자 관련 광고에도 '확실하게' 돈을 벌어준다는 문구가 자주 보입니다. 이에 대한 제 생각을 적절하게 표현하는 성경 구절이 있습니다.

> 맹인이 다른 맹인을 인도하면, 둘 다 구덩이에 빠질 것이다.
>
> 마태복음 15장 13~14절

복잡계에서 개인 투자자가 유리한 점

———

한국 시장에 투자하는 외국인 투자자는 대부분 해외 기관 투자자로 해외의 개인 투자자가 직접 한국에 투자하는 경우는 드뭅니다. 그래서 저는 설명에 앞서 외국계 기관과 국내 기관을 기관 투자자로 묶어서 개인 투자자와 기관 투자자를 구분하겠습니다.

여기서 기관 투자자는 조직으로 구성됩니다. 그렇기 때문에 조직의 구성 방식과 투자 방식이 정해져 있습니다. 무언가 정해져 있는 기준이 있다는 점, 그리고 그것을 여러 명이 모여서 조직을 구성하고 하고 있다는 것은 다른 말로 바꾸기 어렵다는 것을 의미합니다.

어떤 방식이 여러 가지 상황 변화에 바뀌지 않고 중심을 잡아가는 것을 우리는 안정성이라고 부릅니다. 하지만 과거의 방식으로 제대로 작동도 안 하는 상태인데 이를 바꾸지 못하는 것은 그냥 고지식한 것입니다. 앞서 말했듯이 기관은 조직이기에 정해진 방식을 바꾸기가 무척 힘듭니다. 그래서 잘못된 방식을 고지식하게 고집하는 모습을 종종 볼 수 있습니다.

하지만 개인 투자자인 여러분은 기관과 달리 혼자서 연구하면서 깨우치면 누군가를 설득할 필요가 없습니다. 그냥 바꾸면 됩니다. 이것은 작은 경쟁력이 아닙니다. 특히 변화의 크기가 크고 강할 때는 더욱 더 큰 장점입니다. 큰 조직과 작은 조직의 장단점을 설명드릴 때 같은 원리가 적용되었습니다. 여러분은 (큰+작은) 조직보다도 빠르게 새로워질 수 있다는 점에서 비교할 수 없는 강점을 가지고 계십니다. 그 점을 인지하시길 바랍니다. 외국인과 기관은 여러분에 비하면 새로워지는 것이 매우 느리거나 불가능합니다.

여담으로 저는 투자 철학이라는 말을 좋아하지 않습니다. 투자하는데 왜 철학이 필요합니까? 사실 제 기준에서 철학은 투자를 넘어 모든 것에 필요합니다. 그런데 신뢰를 만들지도, 얻지도 못하는 금융권에 종사하면서 투자 철학이 이렇고 저렇고 하는 모습을 보면 저는 창피함을 느낍니다. 철학은 사회적 신뢰를 얻고 나서 사용할 단어라고 생각합니다.

복잡계 구조에서 투자하는 법

말씀드렸듯이 개인 투자자와 외국인 투자자의 실력은 천차만별입니다. 엄청난 실력의 재야의 고수들도 계시죠. 그런 분들이 요즘은 자신의 투자에 대한 생각과 지식을 블로그에 정리해서 올려주시기도 하는데, 그 내용을 보면 엄청납니다. 저도 그런 분들의 분석을 참고합니다. 이 자리를 빌어 이분들에게 감사의 말씀을 드립니다.

그런데 이분들은 왜 자신의 내공을 다 공개할까요? 그건 맛집의 레시피를 안다고 따라 할 수 없는 것과 마찬가지입니다. 레시피를 본다고 모두 요리사가 될 수는 없습니다. 이분들은 단지 집단지성과 사회에 도움이 되었으면 하는 마음으로 내공을 공개하는 것일 겁니다.

네덜란드를 대표하는 저널리스트이자 사상가인 뤼트허르 브레흐만Rutger Bregman은 저서 『휴먼카인드』(인플루엔셜. 2021)에서 이렇게 설명했습니다.

'네안데르탈인의 뇌는 오늘날 우리의 뇌보다 평균 15% 더 컸다. 네안데르탈인은 천재와 비슷하다. 개개인의 뇌는 더 컸지만 집단으로서는 똑똑하지 못했다. 사피엔스는 더 큰 집단을 이루고 모방도 더 잘했을지도 모른다. 네안데르탈인이 초고속 컴퓨터였다면 우리는 구석 PC이지만 와이파이를 이용할 수 있던 셈이다. 사교성의 산물이다.'

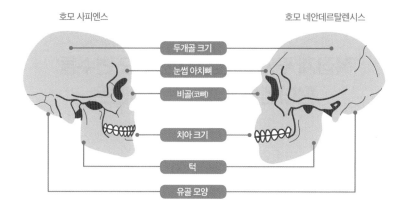

호모 사피엔스   호모 네안데르탈렌시스

두개골 크기
눈썹 아치뼈
비골(코뼈)
치아 크기
턱
유골 모양

▲ 호모 사피엔스와 네안데르탈렌시스의 유골 비교

이 이론이라면 호모 사피엔스는 앞서 설명드렸듯이 무선통신 기술로 연결되어 경쟁력이 강했던 독일 전차 부대를 닮았습니다. 호모 네안데르탈렌시스가 개별적으로는 더 강했더라도 우리는 연결을 통한 집단지성의 강점을 가진 종입니다.

정보와 지식에서 지혜로 넘어가는 것은 내용만 가지고는 할 수 없습니다. 이때는 스스로를 이해하는 노력이 필요합니다. 자신이 어떤 가치관과 성향과 기질을 가지고 있는지 바라보고 개선하는 노력이 함께 진행되어야 합니다. 그때 나와 세계가 연결되는 순간 마법 같은 일이 일어납니다. 그리고 그 마법은 끝이 보이지도 않습니다. 이런 순간을 여러분이 경험하기를 기원합니다.

복잡계 투자를 결정하는 주요 변수들:
펀더멘털, 유동성, 센티멘트

투자의 세 가지 변수

앞서 세상이라는 투자 환경을 파악하는 기준을 단순계에서는 경제라는 한 가지 관점에서 봤지만 복잡계에서는 경제, 정치, 과학이라는 세 가지 관점으로 확장해서 세상을 바라보자는 설명을 드렸습니다. 이 장에서는 의사결정 과정에서 단순계가 아닌 복잡계에 적합한 방식으로 투자의 변수들을 어떻게 다뤄야 하는지에 대해 알아보겠습니다.

이제 복잡계에서 투자 의사결정의 주요 변수는 펀더멘털Fundamental, 기본, 유동성Liquidity, 센티멘트Sentiment, 심리입니다. 의사결정을 이 중 하나의 변수로만 결정하는 것은 당연히 단순계적 행동입니다. 변수를 여러 가지 고려해도 하나의 비중을 지나치게 높게 반영하는 것 역시 단순계적 행동입니다. 복잡계로 변화한 세상에는 적합한 구조로 변수들의 구성비를 조정해야 합니다. 우리는 확실성이 적어진 점, 기술의 발전과 효율적인 시장 환경으로 정보들이 과거보다 훨씬 투명하게 시장에 반영된다는 점, 투자 환경에 영향을 주는 범위가 다양해지고 확장되었다는 점을 반영해야 합니다.

과거와 동일한 방법으로 비슷한 노력을 해도, 이제는 이해의 폭이 전체의 30% 정도밖에 되지 않습니다. 그렇기 때문에 적절한 의사결정은 한 번에 할 수 있는 일이 아니라 지속적으로 보정補正해줘야 하는 일이 되었습니다. 농작물은 농부의 발걸음 소리를 들으며 자란다고 합니다. 여러분도 농부처럼 자신이 투자한 자산들에 관심과 애정을 쏟아야 합니다. 농사가 어려운 만큼 투자도 어렵습니다. 잠시 쉽다는 생각이나 느낌이 드는 것은 '잠시 운이 좋은 구간에 위치하고 있다'의 다른 표현입니다. 이건 제가 장담하겠습니다.

저는 복잡계 의사결정의 세 가지 변수를 펀더멘털은 고체, 유동성은 액체, 센티멘트는 기체로 비유합니다. 펀더멘털은 견고한 분석이 가능하고, 유동성은 꾸준한 관찰로 파악이 가능하며, 센티멘트는 당최 종잡을 수가 없습니다. 펀더멘털, 유동성, 센티멘트 순으로 파악하고 반영하기가 점점 더 어려워지는 것이죠.

분류	단순계 사이클 세상의 투자			복잡계 종합적인 투자		
시장 판단 기준	펀더멘털 비중: 70%	유동성 15%	센티멘트 15%	펀더멘털 비중: 40%	유동성 30%	센티멘트 30%
	펀더멘털이 충분조건 (유동성과 센티멘트 중요성 낮음)			펀더멘털, 유동성, 센티멘트 세 가지 모두가 필요조건		
세계관	단순계			복잡계		
투자 성향	정확성/면밀함/디테일			정확성/면밀함/유연함/Big Think		
유사성	의사			프로파일러		
투자 형태	집중 투자			다양하고 넓은 범위의 포트폴리오		

▲ 단순계와 복잡계 투자의 특성

단순계 구조에서 유동성과 센티멘트를 적게 반영했던 것은 중요성이 낮기도 하지만 어려웠기 때문입니다. 단지 모른다고 하는 것보다 중요하지 않다고 하는 게 뭔가 있어 보이는 모습이었을 뿐입니다. 고체, 액체, 기체라는 세 가지의 상태는 하나의 상태에서 다른 상태로 급격하게 변화하는 상전이相轉移 현상을 통해 만들어집니다. 복잡계에서 임계치에 도달하느냐 아니냐가 행동을 바꾼다는 것도 이러한 원리가 적용됩니다. 이러한 급격한 변동은 지속적인 미동微動의 상태에서 전환되는 것이지 멈춰 있거나 분리되어 있지 않습니다. 그렇기 때문에 경직된 조직은 급격한 변화에 대응할 수 있는 능력이 없는 것입니다. 우리는 늘 미동을 허용하고 있어야 합니다. 테니스를 배워본 분들은 코치님들이 '잔발잔발' 계속 움직이고 있어야 한다는 가르침을 기억하고 있을 겁니다. 바로 지속적인 미동의 상태입니다.

저는 단순계에서 투자자라는 직업은 의사와 유사한 성격을 가지고 있었다고 생각합니다. 과학적(기존의) 사고를 통해서 관련된 지식과 기술을 배우고 숙련하여 정확하고 면밀하게 적용하는 방식입니다. 새로운 이해의 확장도 기존의 근본 원리의 변동이 있는 것보다는 기존의 원리를 바탕으로 추가된 이해가 대부분을 차지합니다.

하지만 복잡계에서는 정확하고 명확한 것을 파악하기 어렵습니다. 기본적으로 종합적이고 변화가 항상 존재하기 때문입니다. 그렇기 때문에 이제 투자자라는 직업은 프로파일러와 유사해졌습니다. 과학, 의학, 경제, 심리 등 다양한 분야의 지식과 지혜를 바탕으로 나만의 관점을 만들어 바라보는 것입니다. 성향이 다른 사람은 어떻게 볼지, 또 다른 사람은 어떻게 볼지 다방면의 해석 과정을 통해서 현상을 바라보며 확률적으로 행동의 가능성을 구성하는 것이죠.

여기서 짚고 넘어갈 부분이 있네요. 판단 기준에 표시한 비율은

복잡계 구조에서 투자하는 법

단순계
의사
(정확, 면밀)

복잡계
프로파일러
(심리, 예측)

▲ 의사처럼 투자했던 단순계, 프로파일러처럼 투자해야 하는 복잡계

시장 전체를 기준으로 말씀드린 내용입니다. 종목별로는 세 가지 요인의 구성비 차이가 큽니다. 철강주나 자동차 주식은 펀더멘털의 비중이, 경기방어주는 유동성이, 바이오나 성장주는 센티멘트가 차지하는 비중이 높습니다. 개별 종목과 시장이 현재 어떤 요소들의 비중이 높고 낮게 반영되고 있는지를 생각해 보시면 도움이 됩니다. 각각의 요소를 좀 더 자세히 살펴보겠습니다.

펀더멘털: 전체와 부분을 모두 고려하라

일반적으로 펀더멘털은 투자 정보와 지식의 다른 표현입니다. 사회가 지금보다 투명하지 못했던 시점에서는 정보의 유통이 지금처럼 효율적이지 않았습니다. 투자를 어느 정도 하신 분들은 잘 기억하시듯이 그 시절에는 정보 측면에서 유리함을 가지고 있는 세력과, 불리함을 가지고 있는 사람들 사이에 확실한 차이가 있었습니다. 기업에 대한 접근성이 좋고, 투자를 직업으로 하는 동종 업계의 여러 가지 유형의 네트워크들로 인하여 기관 투자자들이 정보에 비교 우위가 있었기 때문입니다.

하지만 지금은 정보통신 기술의 발전과 법규의 강화로 정보의 효율성이 매우 투명하고 높아졌습니다. 지금은 유튜브 「삼프로TV」와 「이효석 아카데미」처럼 너무도 좋은 정보와 지식들이 세상에 대한 선의善意를 바탕으로 만들어진 새로운 비지니스 모델을 통해 더욱더 효과적으로 유통되고 있습니다. 이렇게 되니 애널리스트 분들도 과거의 기관 투자자 중심의 서비스 방향에서 개인 투자자를 향해 고개를 돌리고 있습니다. 앞으로는 언론사에서 진행하는 베스트 애널리스트 투표보다 유튜브 조회수 집계가 더 중요한 지표가 되리라고 생각합니다. 투자의 필요성이 커지는 시대에 집단 지성 향상에 기여하는 양질의 콘텐츠를 제공하는 많은 분들께 감사드립니다. 이러한 노력이 개인 투자자의 약점을 급격히 개선시키고 있습니다.

투자에 필요한 적정한 정보와 지식은 이제 스스로 노력만 하면 언제든지 찾을 수 있는 세상이 되었습니다. 이제 기관 투자자들도 개인들의 움직임을 쉽게 보지 못하는 세상이 되었습니다.

여기서 말씀드리고 싶은 점은 국내뿐만 아니라 해외의 정보와 지식을 적절하게 조합하는 것이 투자에 매우 유리하다는 점입니다. 정보와 지식은 이제 넘쳐납니다. 무언가 흔해지는 것은 얻기 편리하다는 장점도 있지만, 그 요인으로 차이를 만드는 것을 찾아내기 어려워지는 것을 뜻합니다. 외국인 투자자의 시각과 관점을 국내의 전문가를 통해 전달받는 것도 도움이 되겠지만 저는 해외의 금융 관련 유튜브를 직접 보는 것을 추천드립니다. 주로 주말에 여유가 많으실 때 시간을 투자하십시오.

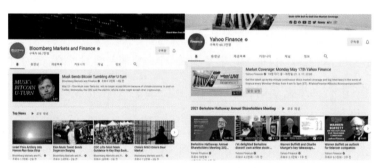

▲ 블룸버그와 야후 파이낸스 유튜브 메인 화면.
해외 주요 금융 언론을 주기적으로 모니터링 하면 넓은 범위의 생각에 도움이 됩니다.

처음에는 어렵겠지만 지속적으로 보면 뉘앙스의 차이가 얼마나 크게 금융시장에 작용하는지 알고 놀라실 겁니다. 동영상은 한국어 번역으로 설정하고 보면 큰 문제 없이 보실 수 있습니다. 외국어가 편한 젊은 세대 분들은 가능하면 원어로 보면서 뉘앙스의 차이를 잡아내는 훈련을 지속적으로 하면 좋습니다. 다른 사람들의 의견과 방법을 참고하여 스스로의 방법을 만들어야 합니다. 자신만의 해석 과정을 통해 스스로의 투자 세계를 만드십시오.

펀더멘털에는 보텀업bottom-up 미시적 방식과 톱다운Top-down 거시적 방식에 따라 접근하는 관점에 큰 차이가 있습니다. 지금까지는 미시적 방식의 보텀업에 익숙하신 분들이 많습니다. 이는 개별 기업을 분석하고 투자하는 방식입니다. 하지만 점점 복잡해지는 세상에서는 전체적인 흐름의 중요성이 과거보다 커집니다. 큰 그림을 보는 관점도 과거에는 선택사항이었는데 이제는 필수사항입니다.

기업의 주가는 기업의 활동에 가장 기본이 되는 부분이지만 여러 사례에서 볼 수 있듯이 사회의 큰 변화에 노출되어 있는 것도 사실입니다. 그렇기에 전체Top-down와 부분Bottom-up을 모두 고려해야 적절한 의사결정이 만들어집니다. 해외 자료를 통해서 톱다운 방식의 큰 그림Big think에 익숙해지면 여러분의 투자의 실력은 한 단계 이상 올라갈 수 있습니다.

거시적이기만 하면서 단순한 모델은 현실적 설명력이 약합니다. 반대로 세부 사항에만 집중하는 방법은 모든 것들을 기록할 수 있을지는 모르겠으나 패턴을 예측하는 것은 불가능합니다. 톱다운 방식과 보텀업 방식을 함께 반영하여 미시적인 요소에 대해서는 강한 신뢰를 가지고, 거시적인 통찰에서 패턴을 찾아내어 접목하는 방식이 궁극의 투자 방식입니다.

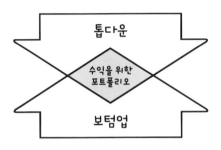

▲ 톱다운 방식과 보텀업 방식의 조화를 추구하십시오.

예를 들어보겠습니다. 2015년 대한민국의 대표 보이 그룹인 YG 엔터테인먼트의 빅뱅은 음악시장이 앨범에서 음원시장으로 이동하는 트렌드에 맞게 앨범 형태의 발매가 아닌 매달 신곡 음원을 발표하는 방식으로 대중음악 트렌드와 음악시장에 모바일과 플랫폼 기술의 영향이 커지는 현상을 반영했습니다. 적절한 대응으로 회사의 매출은 상승했고 주가도 상승했습니다. 이 같은 보텀업 방식은 업황과 기업의 내용을 분석해 주가의 움직임을 예측하는 방식입니다. 업황의 변화에 적절하게 대응한 기업의 움직임은 다음 장의 차트에서 보시듯이 주가 상승으로 반영됩니다.

그런 환경에서 음반 업계와는 전혀 상관없는 정치 이슈인

2010년대 미국과 중국의 패권 경쟁이 시작됩니다. 그 결과 미국은 2016년에 한국에 사드를 배치하는 전략을 실행했고, 중국은 그에 대한 조치로 한한령을 발령했습니다. 이러한 정치적 사건은 사회 전반에 영향을 줬고, 특히나 관련 노출도가 높은 음반 업계는 직격탄을 맞게 됩니다. 톱다운 방식의 부정적인 영향으로 YG엔터테인먼트의 주가는 급락하게 됩니다.

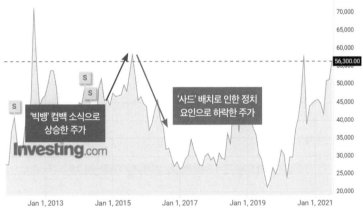

YG Entertainment Inc ⬆ **56,300** +100 (+0.18%)

▲ 보텀업 방식으로 상승한 주가, 톱다운 방식으로 하락한 주가(출처: investing.com)

저는 앞서 선택의 문제에서 필수가 된 것이 많아졌다는 표현을 자주 사용했습니다. 격투기를 생각해 보십시오. 과거에는 권투, 유도, 킥복싱, 태권도, 주짓수 등 각각의 영역으로 나눠져 있던 분야가 이제는 종합격투기UFC로 한 단계 넘어왔습니다. 이제는 무술 하나만 잘한다고 종합격투기에서 생존할 수 없습니다. 격투기도 단순계에서 복잡계가 된 것입니다.

사회의 발전 단계가 높아지면 당연히 모든 것은 전보다 높은 수준을 요구합니다. 투자도 마찬가지입니다. 이제 다양한 측면에 대한 넓은 이해가 필요해졌습니다. 여러분이 매도와 매수 버튼을 누를 때 모니터 너머에서 수십 년 동안 다양한 경험을 한 투자자가 반대 포지션을 취하고 있는 것이 현실입니다. 하지만 너무 걱정하지 않으셔도 됩니다. 여러분이 매매하실 때 뛰어난 투자자가 여러분과 비슷한 관점으로 함께 매매하는 상황도 많습니다. 투자는 승패의 경기가 아니라 함께 이기는 것이 가능한 활동입니다.

유동성: 구조와 상황의 변화를 이해하자

유동성은 통화유통속도, 통화량, 금리 세 가지가 핵심입니다. 통화유통속도는 공급된 통화량이 일정 기간 동안 사용된 빈도입니다. 하루에 사고팔고를 한 번 하다가 두 번 하게 되면 빨라지는 것입니다. 세 가지 요인 중에서 통화유통속도는 단순계에서 복잡계로의 변화와 관련이 가장 적은 요인입니다(복잡계에서는 관련이 없는 것은 없습니다. 단지 그 영향이 작냐 크냐의 문제입니다).

통화량은 앞서 경제 구조에서 강의 흐름처럼 유동성의 흐름을 관리하는 방식에서 바다처럼 급증한 유동성이 계속 유지되는 상태로 변화한 점을 설명드렸습니다. 금리 역시 사이클 현상이 줄어들어 움직임의 크기가 과거보다 줄었음을 설명드렸습니다.

유동성의 구조적인 면을 살펴봤으니, 이제는 아주 현실적인 부분을 검토해 보겠습니다. 예를 들어 여러분이 열심히 공부한 끝에 발굴한 A 기업에 투자해서 좋은 수익으로 주식을 매도하게 되었다고 가정해 봅시다(저는 여러분의 건승을 항상 기원합니다). 그 결과 유동자금이 생겼고 여유가 생기면 사려고 생각해 두었던 또 다른 B 기업을 매수했습니다. 이러한 과정에서 B 주식의 유동성과 사회 전체의 유동성(통화유통속도 상승)은 개선됩니다. 그 덕분에 B 기업이 펀더멘털 측면에서 달라진 것은 없으나, B 기업에 대한 수요가 증가했습니다. 급격하게 증가한 글로벌 유동성은 지속적으로 이런 흐름을 이어갑니다. 역사상 규모가 가장 큰 양적완화 정책으로 이러한 활동의 영향력은 어느 때보다 커졌습니다. 과거보다 커진 유동성 움직임은 선호되는 자산군과 선호되지 않는 자산군의 가격 차이를 전보다 더 크게 발생시킵니다.

게다가 과거보다 세상이 긴밀하게 연결되면서 여러 가지 종류의 다른 자산군들 사이에서의 이동이 과거보다 많아졌습니다. 과거에 채권 자금은 위험 자산으로 이동하지 않았습니다. 자금의 성향이 달랐기 때문입니다. 하지만 지금은 금리가 너무 낮아져서 어쩔 수 없이 채권 자금이 다른 자산으로 이동하는 경우가 많아졌습니다.

구조를 이해하고 있든 아니든 세상의 지속성 있는 변화는 구성원의 행동을 바꿉니다. 이제 사람들은 금을 팔아서 원자재를 사고, 다시 원자재를 매도해서 비트코인을 사며, 또다시 비트코인을 매도해서 주식을 삽니다. 과거보다 모든 활동의 연결이 강해지고 빈번해졌기 때문에 다른 자산의 가격 움직임이 여러분이 보유하고 있는 자산의 가격에 더 큰 영향을 주는 것입니다.

이제 세상에 유동성은 흔해졌습니다("아파트도 흔하지만 내 집은 없어요"라는 분들이 이 책으로 투자를 공부하시고 "저도 이제 적절한 투자 자산을 보유하고 있어요"라고 하셨으면 좋겠네요). 무엇인가 많아지면 절대적 차이의 중요성은 줄어들고, 상대적인 차이에 매우 민감한 구조가 됩니다. 교육열 높은 나라에서 살고 있는 여러분에게 절대평가와 상대평가의 차이를 길게 설명할 필요는 없어 보입니다. 운전면허와 대학입시를 앞뒀을 때의 마음가짐 차이를 잠시 떠올리시면 됩니다.

자산군	구분	순유출입($MM)
주식	대형주	521
	중형주	-1006
	소형주	-1198
	브로드마켓	-1367
채권	국, 공사채	-2416
	투자등급	756
	하이일드	391
원자재	귀금속	-409
	에너지	-25

▲ 미국 상장 ETF 기준 자산 분류별 순유출입 금액(출처: Bloomberg, 2021년 7월 기준)

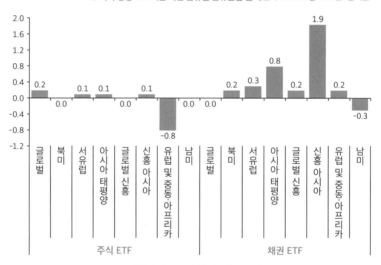

▲ 주식&채권 ETF 지역별 자금 흐름 유입 강도(출처: EPFR, 2021년 7월 기준)

위와 같은 내용은 국내 주요 증권사의 홈페이지에서 리포트를 다운받으면 알 수 있습니다. 리포트를 통해 주간이나 월간 단위의 자금 이동 현황을 확인할 수 있죠. 이렇게 다양한 자산들의 자금 유출입을 꾸준히 관찰하면 도움이 됩니다. 중요한 생각들은 결국에 포지션의 변동으로 반영됩니다. 돈의 흐름이 이유 없이 발생하는 경우는 없습니다. 단지 그 이유를 남들이 아직 파악하지 못했을 뿐입니다.

앞서는 생각의 흐름이 유동성의 움직임으로 나타나는 상황을 말씀드렸습니다. 이번에는 그와 다르게 유동성만의 움직임으로도 상황이 달라지는 경우를 보시죠.

여러분이 수영장에 있다고 가정해 보십시오. 여러 종류의 수영복 중에서 편하고 멋진 옷을 이리저리 살펴보고 골랐습니다. 이런 상황은 미시 환경을 보텀업 분석으로 활용한 사례입니다. 탈의실에서 나와 보니 수영장이 세 곳이 있습니다. 수영장을 전반적으로 둘러보면서 파악해 보니 유아용, 일반용, 선수용 세 곳 중에 가장 적당하다고 판단되는 일반용 풀장을 골랐습니다. 이는 톱다운 분석을 활용해서 전체적인 환경을 판단한 것입니다. 그런데 막상 풀장에 들어가니 허리까지밖에 물이 없어서 재미가 없습니다. 이미 파라솔까지 빌리고, 점심 도시락도 사둔 상황이지만 지금이라도 선수용 풀장으로 옮겨야 할지 난감합니다. 그런데 누군가 부르는 소리가 들립니다. 친구를 만나게 되었네요. 그런데 그 친구가 여기는 점심시간 전에는 어린이가 많아서 수위가 낮고, 점심시간 이후에 물을 추가로 공급해서 가슴 높이까지 수위가 올라간다고 알려주었습니다. 그 사실을 알고 보니 왜 이 낮은 수위의 수영장 주위에 멋진 남녀들이 자리를 잡고 있는지 이해가 갑니다. 수영장의 구조는 하나도 바뀌지 않았지만 물이 높으냐 낮으냐 하는 사실이 엄청난 차이를 만들었습니다.

▲ 수영장이 바뀌지 않아도 높이에 따라 이용자가 달라지는 것처럼
유동성은 시장 참여자의 구성을 바꿉니다.

이렇게 펀더멘털에 변화가 없는 상황에서도 유동성의 변화만으로 큰 차이가 발생할 수 있습니다. 그리고 유동성을 급격하게 늘려서 과거보다 높은 수준의 유동성이 투자의 기본 환경이 되었다면, 그 영향은 당연히 과거보다 더 크게, 자주 영향을 미칩니다. 투자를 오래하신 분들도 예전보다 유동성 움직임의 영향이 지속적으로 중요해진 점을 생각해 보시길 바랍니다.

센티멘트: 군중과 거리를 두고 다층적, 종합적 관점을 가져라

———

'주식시장의 올해 PER가 15배인데 과거 10년 평균이 12배라서 비싼 상 태다. 2차전지 산업은 구조적 성장이 강해졌으므로 과거보다 높은 밸 류에이션을 인정받아야 한다. A 기업은 실적이 예상보다 높게 나왔음 에도 주가가 하락하는 걸 보니 실적에 대한 기대치가 이미 반영되어 있는 것으로 보인다.'

이런 방식의 이해와 설명은 매일 나오는 기사와 증권사 리포트 에서 많이 보실 수 있을 겁니다. 저는 지금부터 시장에 작용하는 감정의 방식에 대해서 이야기해 보려고 합니다. 감정적인 요소를 글로 설명한다는 게 가능한지에 대해서는 회의적이나 최선을 다해 보겠습니다.

이성의 움직임과 감성의 움직임은 구조가 다릅니다. 단순계와 복잡계의 차이에 비유하자면, 이성은 단순계처럼 움직이고, 감정은 복잡계처럼 움직입니다. 여러분이 누군가에게 가지는 호감을 떠올 려보십시오. 여러분의 동료가 어느 날 당신이 고민하던 문제를 해 결하는 데 도움을 주었습니다. 갑자기 고마운 마음으로 호감이 생집니다. 다음 날 아침에 출근을 했는데 이번에는 그 동료가 시원한 커피 한 잔을 내게 타줍니다. 또 호감이 증가합니다. 그런데 오후에 그 동료의 부서와 협의한 내용에 문제가 생겼는데 그가 나에게 자신의 실수는 없고 당신의 업무 처리 과정에 문제가 있었다고 이야기한다면 호감은 급격하게 떨어질 겁니다.

이렇게 무언가 이유가 있는 호감好感의 움직임은 감정이라는 단어를 사용하지만, 제 생각에 이는 이성의 활동에 의한 결과를 감정에 반영하는 것입니다. 이유가 있는 것은 기본적으로 이성의 활동입니다. 그래서 우리가 첫눈에 반한 사람과 그렇지 않은 사람에게 뭔가 질적인 차이를 느끼는 것입니다. 진짜 감정은 이유를 찾지도, 순차적으로 움직이지도 않습니다. 그냥 싫고, 그냥 좋은 겁니다. 이유가 필요 없는 종합적인 현상인 것이죠.

하지만 진짜로 이유가 없는 것일까요? 저는 이유 없이 좋고 나쁘다는 말은 그 사람의 무의식 영역이 작동하는 것이라고 생각합니다. 사고 체계는 의식과 무의식으로 구성되어 있습니다. 저는 감정이란 무의식의 선호도에 의해 발생하는 표현이라고 생각합니다.

이때 투자에 있어서 개인의 무의식이 의사결정에 주는 영향은 줄이면 줄일수록 도움이 됩니다. 그래서 투자를 오랫동안 하다 보면 주변에서 차가운 심장을 가진 사람처럼 보인다는 말을 듣기도 합니다. 이런 말을 듣지 않을 방법은 있습니다. 냉철하게 결정해서

복잡계 구조에서 투자하는 법

행동하면서도 계속 미소를 잃지 않으면 됩니다. 물론 의사결정의 내용은 발설하지 않으면서요.

무의식이 주는 영향은 어떻게 줄일 수 있을까요? 먼저 오해가 생길 수 있는 요소를 하나 말씀드리겠습니다. 우리가 공부하고 경험하는 것은 당연히 의식과 무의식 모두에 영향을 줍니다. 이때 무의식이 의식에 주는 영향을 줄이는 것과 무의식의 크기를 줄이는 것은 전혀 다른 문제입니다. 저는 읽기 어려운 책을 보거나 어려운 내용을 공부할 때 불편함을 느끼더라도 계속하는 것이 중요하다고 생각합니다. 의식적인 이해는 아직 어렵지만 일단 무의식에 넣어 두면 언젠가 도움이 될 것이라고 생각하는 거죠. 의식이 못하는 것을 무의식에 저장해 두는 것입니다.

무의식이 주는 영향을 줄이는 가장 좋은 방법은 스스로를 자주 돌아보는 것이라고 생각합니다. 우리는 하나의 모습으로 세상을 살아가지 않습니다. 여러 가지 나의 모습 중에는 투자에 도움이 되는 모습도 있고, 그렇지 않은 모습도 있습니다. 또한 같은 모습인데 어떤 경우에는 도움이 되고, 또 다른 경우에는 피해가 되는 경우도 있습니다. 자주 스스로를 돌아보고, 스스로가 만든 투자 포트폴리오가 내가 꾸준히 생각하는 중심의 나와 어울리게 구성이 되어 있는지 검토하는 것이 필요합니다. 이는 불교의 진아眞我 개념입니다. 망상과 아집으로 이루어진 가아假我가 아니라 자신의 중심을 잡아갈 진실한 자신의 모습에 적합한 의사결정인지 아닌지를 지속적으로, 자주 확인해야 합니다.

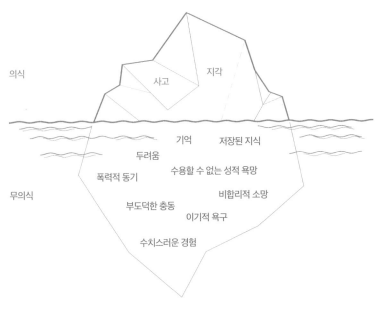

투자 활동에 가장 부정적인 영향을 주는 감정은 '시기심'입니다. 가아假我를 만드는 대표 선수죠. 시기심은 주관성의 강도가 매우 강합니다. 주관성이 강하다는 것은 앞의 빙산 그림에서 아래쪽에 위치한 무의식의 영향이 크다고 생각합니다. 객관적으로 어떤 상황인지 관심이 아예 가지 않고, 다만 자신에게 무언가 부족하다는 인식과 함께 마치 그것이 부족한 것처럼 행동하게 됩니다. 시기하

는 대상의 실제 상태에 대해서는 알려고 하지도 않으면서요.

주식시장이 좋을 때 흔히 듣는 말이 있습니다. '옆집 아저씨가 주식으로 돈을 벌어서 가방을 샀다더라, 어디서 얻은 정보인지 친구가 그 정보로 주식을 사서 세 배가 올랐다더라.' 아니, 옆집에 누가 사는지도 모르는 사회가 되었다고 한 지가 족히 30년은 넘었는데 어떻게 잘 알지도 못하는 이웃의 투자 성공기는 왜 그렇게 많은 걸까요?

사람들은 자신의 정체성을 결정하는 데 타인과의 차이를 필요로 합니다. 내가 누구인지를 다른 사람과의 비교를 통해서 이해하는 것입니다. 숫자 '1, 2, 3'의 의미에서 1과 2의 의미가 가진 원리입니다. 그런데 인간은 늘 두 가지를 원합니다. 비슷하면서 독특하기를 원하죠. 그래서 모두가 명품을 사면 따라 사면서, 똑같은 옷을 입은 사람이 있으면 그 옷을 입지 않습니다. 이런 존재를 합리적이라고 가정하고 이론을 만든 게 참 신기할 때가 있습니다. 당시의 관점에서는 그럴 필요가 있었겠죠.

저는 세상의 모든 것들은 양면성이 있어서 좋은 면과 나쁜 면을 모두 가지고 있다고 생각한다고 여러 번 말씀드렸습니다. 하지만 시기심은 예외입니다. 이유는 '지나친' 감정이기 때문입니다. 세상에 나쁜 면들은 모두 지나침에서 발생합니다. 지나치지 않기 위해서는 속도를 줄일 수 있는 브레이크가 있어야 합니다. 지속적인 투자 활동을 위해 브레이크는 필수입니다. 자주 마음의 브레이크를 점검하시길 바랍니다.

자산 가격에도 이러한 현상의 영향은 큽니다. 특히나 신기술과 정부의 정책이 연결된 경우에는 알 수 없는 거대한 힘이 계속해서 주가를 상승시킬 것이라고 착각하는 경우가 많습니다.

2010년에 저는 제 생각의 설계도를 바탕으로 태양광 관련 회사들을 좋게 봤고 주변에 투자를 여러 번 추천했습니다. 오죽했으면 당시 함께 근무하던 동료가 저에게 "형은 태양왕이야?"라고 장난스럽게 묻기도 했죠.

이후 환경의 중요성이 정부 차원에서나 민간 차원에서 이전보다 더 중요한 이슈로 자리 잡으면서 정부 예산에 친환경 요소가 반영되는 속도가 빨라졌습니다. 아직 관련 기업들의 수익성은 안정적인 흐름이 되기 이전이었지만 정부의 투자가 지속될 것이고 이 흐름이 민간 분야의 성장을 보장할 것이라는 생각이 퍼지면서 주식시장에서 관련 기업에 대한 선호도는 급격하게 증가했습니다. 이러한 흐름에 동참하지 못했던 사람들은 뒤늦게라도 쫓아가려는 욕심으로 현재의 상황과 전망에 대한 면밀한 검토 없이 관련 주식을 급하게 샀습니다.

복잡계 구조에서 투자하는 법

▲ 태양광 관련 기업 'OCI(010060)'의 10년 주가 차트(출처: 네이버 금융)

　　지난 10년 동안 태양광 산업은 지속적으로 영역을 확장해왔습니다. 하지만 위 차트에서 보이듯이 관련 주식의 현재 주가는 업황이 개선되었음에도 과열로 만들어졌던 수준과는 한참 다른 상황입니다. 뒤늦게 투자에 뛰어든 사람은 쓴웃음을 지을 수밖에 없는 상황이죠. 브레이크를 놓을 때도, 밟을 때도 있어야 한다는 것을 자주 되새겨야 합니다.

　　심리적 브레이크가 잘 작동하면 패닉 상태에 빠지지 않게 됩니다. 패닉 상태에 빠지게 되면 다른 사람들을 무조건적으로 추종하는 경향이 생기게 됩니다. 이런 상태가 되면 군집을 형성하는 구성원들은 불안한 상태가 되어 단기적이고 좁은 범위로 사고하면서 코앞의 어려움에 집착하거나 도피하려 합니다. 평소보다 지능이 저하되고 냉정함도 잃게 됩니다. 그 결과 주위의 움직임을 맹목적으로 따라가면서 패닉 상태를 강화합니다. 바로 군중群衆이 되는 것입니다. 투자의 세계에서 군중이 되는 것보다 더 큰 낭패는 없습니다. 그래서 한 개인으로서 군중을 이해할 수 있는 지혜를 얻는 것보다 더 유리한 상황도 없습니다.

개인의 무의식과 집단의 무의식은 무척 다릅니다. 이는 카를 구스타프 융Carl Gustav Jung이 설계한 분석 심리학의 중심 개념으로 개인적인 경험을 넘은 선천적 구조 영역의 보편적 무의식이라고 부릅니다. 이는 개인적 경험으로 형성된 것이 아니라 오랫동안 조상들의 경험이 누적되어 쌓인 것이 모든 사람들의 공통된 정신적 바탕이 되는 것을 나타내는 말입니다. 이러한 원형은 인간의 감정과 행동을 규정짓는 반복적인 이미지입니다. 진정한 자아가 아닌 외부에 나타내는 모습인 페르소나 개념이 이 이론의 일부입니다.

금융시장에서 자주 언급되는 것이 '군중 심리'입니다. 군중은 앞서 말씀드린 집단이라는 개념보다는 공통 조상의 범위가 작겠지만, 세계화 시대에 인류 전체를 조상이라고 생각하면 크게 다르지 않겠죠. 바로 이 군중의 성향이 복잡계입니다.

복잡계에서 전체란 부분들의 산술적 합보다 크거나 작습니다. 연결 효과가 어떻게 되느냐에 따라서 커지기도 하고, 작아지기도 합니다. 타인의 반응에 자극을 받아 흥분 상태가 됩니다. 상호작용이 반복되고 확산되면서 군중 행동에 리듬과 패턴이 강화됩니다. 군중 심리가 지배하면 평소에 그렇지 않던 사람들도 자기 의식을 잃고 무리에 일체화됩니다. 책임 소재가 불분명해지고 비판적 사고가 멈춥니다. 전체의 움직임을 추종하려는 심리가 강해지면서 외부에 대한 저항력이 감소합니다. 투자자의 자세로 참으로 피해야 할 모습입니다.

사회 심리학의 기본 가정은 이러한 종잡을 수 없는 성향을 기본 가정에 포함시켰습니다. 사람들에게 영향을 미치는 건 객관적인 환경이 아니라 그들이 세상을 어떻게 생각하느냐 하는 세계관이라는 것입니다[경제학은 매우 다른 기본 가정을 가지고 있습니다. 경제학에서는 군중의 행동이 주로 외적인(객관적) 자극에 지배를 받는다고 가정합니다].

인간의 마음은 자석과 유사한 성향이 있습니다. 자성이 끌어당기듯이 어떠한 방향이 정해지면 그 방향으로 모두가 향하는 모습을 만들어냅니다. 그렇기 때문에 우리는 다른 생각을 가진 사람들과 자주, 많이 토론해야 합니다. 스스로의 생각이 너무 확실하다는 것은 정확하다는 뜻이 아닙니다. 이는 자극이 강한 상태에 노출되

어 있어서 한 결론을 정해 두고 다른 모든 이유를 무시하고 있을
확률이 높습니다.

▲ 진정한 투자자는 대다수가 동일한 생각과 행동을 할 때, 그 대열에서 벗어날 수 있어야 합니다.

또한 개인이 아니라 여러 사람이 모인 상태에서는 중력이 생깁
니다. 군중 심리는 물질로 비유했을 때 중력과 비슷하다고 생각합
니다. 물체의 크기가 크면 클수록 중력도 큽니다. 마찬가지로 군중
의 크기가 크면 클수록 개체성을 잃어버리고 전체의 가치에 매몰
되는 모습도 강해집니다.

군중은 복잡계의 구조를 가진다고 설명드렸습니다. 복잡계는
한 가지 면만 보면 안 되고, 여러 가지 요소들을 다층적이고 종합
적인 관점으로 봐야 합니다. 한 가지 면만 보고 좋아 보이거나, 무
언가 지나치게 확실해 보인다면 안타깝게도 그것은 오류일 확률이
높습니다.

우리 인간은 개인적이면서 집단적인 존재입니다. 제 가치관으로 인간은 30% 비중으로 개별적인 존재이며, 70% 비중으로 집단적인 존재입니다. 많은 사람들과, 다양한 생각들과 교류하십시오. 복잡계에 대한 접근과 탐구로 여러분이 군중의 모습에서 조금이라도 거리를 둘 수 있는 힘이 생긴다면 기쁘겠습니다.

이런 이유에서 저는 자산운용사 직원들은 심리학을 필수로 배워야 한다고 생각합니다. 미국의 경제학자 웨슬리 미첼Wesley Mitchell은 다음과 같이 말했습니다. "심리학의 도움을 받지 않은 경제학은 물리학적 법칙을 무시하는 기계 장치와 같다" 제가 아는 한 아직 국내의 자산운용사 중 심리학적 접근을 필수적으로, 진지하게 적용하는 곳은 없습니다.

모든 것이 그렇지만 결국에 모든 일은 자기에 대한 이해 여부에 따라 결과가 달라집니다. 개인은 집단적이면서 동시에 개인적이어야 하며, 그 두 성향의 개별적인 성향과 겹쳐지는 범위에서 나타나는 요소들까지 잘 이해해야 한다고 생각합니다.

이런 저런 설명을 드렸지만 결론은 '복잡계 구조의 투자 환경을 이해하고, 참여하는 주체들의 다양한 관점을 고려하며, 펀더멘털 · 유동성 · 센티멘트를 적절하게 적용한다'입니다. 단순한 세상을 넘어서면 이전보다 더 큰 복잡계 세상이 펼쳐집니다. 더 커진 복잡계 세상에 대응하는 방법은 복잡한 세상을 이해하기 위해 노력하면서 '간결한 결론을 만들어 행동'하는 것입니다.

진정 다행스럽게도 한국인은 복잡계 세상을 살아가는 데 뛰어난 똑똑한 민족입니다. 굳이 부연 설명할 필요도 없습니다. 제 생각 구조에 대한 여러분의 관심이 그 증거입니다. 이런 생각을 이렇게 많은 분들이 관심을 갖는 것은 우리나라이기 때문에 가능한 일이라는 생각이 듭니다. 세상 모든 민족과 국가를 살펴보면 교육열이 약한 곳은 거의 없습니다. 하지만 대부분의 경우 지배층의 교육열만 강하고, 일반 시민의 교육 여건은 열악한 경우가 대부분인데, 사회 전체의 교육열에서 우리를 따라올 민족은 찾아보기 어렵습니다.

우리 한민족은 인류에서 유일하게 오천 년이라는 세월 동안 약소국임에도 자신의 땅과 언어를 지킨 유일한 민족입니다. 그뿐 아니라 유구한 동양 문화와 일제 강점기, 미군정의 특수한 현대사로 인하여 100여 년 동안 서양의 문화를 접목한 독특함을 가지고 있습니다. 이제 잘 아시죠? 복잡계는 다양한 관점을 가진 것이 유리하다는 것을 말입니다.

21세기! 어디 한번 가꾸어보시죠! 아무쪼록 여러분의 건강과 성공 투자를 기원합니다. 진심으로 감사드립니다.

복잡한 세상에 함께
반응하고 대응하는 길

보잘것없는 내용을 읽어주셔서 감사합니다. 예전에는 무언가를 계획하고 행동하는 일이 많았습니다. 그런데 이제는 주변과 스스로를 관찰하고 그에 '반응'하는 방식으로 세상을 살아가려 합니다. 생각은 의도가 포함되고 소모되는 시간으로 인해 현상과의 틈이 발생합니다. 그 틈 사이에서 생각으로 만든 세상과 지금 이 순간의 세상 사이에 차이가 생기고, 그 결과 우리의 결정에 문제를 야기합니다.

인간의 가장 큰 강점은 고도화된 지적 능력입니다. 가장 큰 강점은 가장 큰 약점이기도 합니다. 현실을 파악하고 대처하는 데 크게 기여한 지적 능력은 반대로 현실과 동떨어진 착각의 세계를 구성하기도 합니다. 학교에서 배운 지식만으로는 그 틈을 메우는 것이 불가능합니다. 저는 언제 어디에서나 배움의 자세를 유지하는 것이 지금에 다가가는 길이라고 생각합니다. 이 길이 어디로 가는지는 모르겠습니다. 모르기 때문에 일단 계속 가야 할 것 같습니다.

저는 순간에 더 가까이 가기 위해 노력하려고 합니다. 이 책을 쓰는 이유도 세상과 사람들에 대한 반응에서 시작했습니다. 저의 첫 「삼프로TV」 출연 영상(2.17시간 분량)을 3주 동안 50만 회나 시청하셨다는 것이 놀라웠습니다. 계산해 보니 '2.17시간 × 500,000 = 1,085,000시간 = 45,208일 = 123.8년'이라는 시간이었습니다. 제 삶보다 길 확률이 99.99923845…% 라고 생각됩니다(네, 저는 복잡계로 사고하기 때문에 100%의 경우는 제 생각 구조에 없습니다). 그래서 이 책은 여러분의 반응에 대한 제 반응입니다.

저는 우선적으로 해야 할 일이 있습니다. 모든 일이 그렇다고 생각하지만 특히나 유형 자산이 아닌 무형 자산을 기본으로 하는 금융은 신뢰가 기본이 되어야 합니다. 보이지 않기 때문입니다. 그런데 우리나라 금융 기관에 대해 전반적인 신뢰감을 가지신 분이 혹시나 계신가요? 남 탓 할 이유는 없습니다. 저는 제 삶에 중요한 부분을 차지하는 금융 산업의 신뢰 수준을 개선시키고자 노력 중입니다. 그런 행동이 사람들의 가슴에 닿지 않는 경험도 했지만, 지금은 무언가 연결된 느낌도 받습니다. 저는 제 방식으로 이를 개선하려 노력하며, 그 목적을 계속 추구하겠습니다. 신뢰와 성과가 조화를 이루는 투자 상품을 만들어가기 위해 최선을 다하고 세상과 제 자신에게 반응하며 순간순간을 채워가려 합니다. 여러분과 함께하는 반응의 시간도 뜻깊고 행복한 순간입니다.

끝까지 읽어주서서 감사합니다. 조금이라도 복잡한 세상을 바라보는 방식과 투자에 도움이 되셨기를 진심으로 바랍니다.

오종태

참고 문헌

에드가 모랭 『복잡성 사고 입문』 2012.01.20

버트런드 러셀 『게으름에 대한 찬양』 2005.04.25

류시화 『나는 왜 너가 아니고 나인가』 2017.09.29

모리스 클라인 『수학자가 아닌 사람들을 위한 수학』 2016.11.07

김용운 『역사의 역습』 2018.04.02

거다 리스 『도박』 2006.05.10

오구라 기조 『한국은 하나의 철학이다』 1997.12.20

신영복 『담론』 2015.04.20

이언 해킹 『우연을 길들이다』 2012.10.02

뤼트허르 브레흐만은 『휴먼카인드』 2021.03.02

스티븐 윌슨 · 안드레이 페루말 『복잡성과의 전쟁』 2013.11.01

안드레이 페루말 · 스티븐 윌슨 『복잡성 시대의 성장의 역설』 2020.10.01

브랑코 밀라노비치 『왜 우리는 불평등해졌는가』 2017.01.12

알렉산더 폰 쇤부르크 『세계사라는 참을 수 없는 농담』 2017.07.21

로이 F. 바우마이스터 · 존 티어니 『의지력의 재발견』 2012.02.15

게리 클라인 『통찰, 평범에서 비범으로』 2015.01.15

대니얼 데닛 『직관 펌프 생각을 열다』 2015.04.20

애머 액젤 『무한의 신비』 2002.06.03

프리먼 다이슨 『과학은 반역이다』 2015.07.25

헨리 키신저 『헨리 키신저의 중국 이야기』 2012.01.02

프랜시스 젠슨 · 에이미 엘리스 넛 『10대의 뇌』 2018.12.28

이효석 『나는 당신이 주식 공부를 시작했으면 좋겠습니다』 2021.05.20

니시나리 가쓰히로 『정체학 : 만물은 정체한다!』 2014.04.30

Bill Tai 『THE ELECTRODOLLAR: VENTURE CAPITALISM, TECHNOLO-

　　GY, AND SILICON VALLEY』

타이거자산운용 투자설명서 2021.05.01

집단지성 위키피디아 https://ko.wikipedia.org/wiki/

복잡계 세상에서의 투자

초판 1쇄 발행 2021년 8월 27일
초판 4쇄 발행 2021년 9월 10일

지은이 오종태
펴낸이 김동환, 김선준

책임편집 최한솔
편집팀장 한보라 **편집팀** 최한솔, 최구영
마케팅 권두리 **디자인** 김혜림
일러스트 Jin Jung

펴낸곳 페이지2북스 **출판등록** 2019년 4월 25일 제 2019-000129호
주소 서울 영등포구 여의대로 108 파크원타워1. 28층
전화 070) 7730-5880 **팩스** 02) 332-5856
이메일 page2books@naver.com
종이 ㈜월드페이퍼 **인쇄** 더블비 **제본** 책공감

ISBN 979-11-90977-35-7 (03320)

· 책값은 뒤표지에 있습니다.
· 파본은 구입하신 서점에서 교환해드립니다.
· 이 책은 저작권법에 의하여 보호를 받는 저작물이므로 무단 전재와 복제를 금합니다.